Hugo Bettauer

Die freudlose Gasse

Ein Wiener Roman aus
unseren Tagen

Mit einem Nachwort von
Murray G. Hall

Ullstein Werkausgaben

Ullstein Werkausgaben
Lektorat: Hanna Siehr

Ullstein Buch Nr. 37147
im Verlag Ullstein GmbH,
Frankfurt/M – Berlin

Ungekürzte Ausgabe
Erstveröffentlichung in Buchform 1924

Vom selben Autor:
›Hemmungslos‹ (Ullstein Buch 37148)
›Die Stadt ohne Juden‹ (Ullstein Buch 37149)

Umschlagentwurf: Theodor Bayer-Eynck
unter Verwendung eines Fotos von Greta Garbo
aus dem Besitz der Stiftung
Deutsche Kinemathek

Printed in Germany 1988
Gesamtherstellung:
Ebner Ulm
ISBN 3 548 37147 7

Juni 1988

CIP-Titelaufnahme
der Deutschen Bibliothek

Bettauer, Hugo:
Die freudlose Gasse: e. Wiener Roman aus
unseren Tagen / Hugo Bettauer. Mit e. Nachw.
von Murray G. Hall. – Ungekürzte Ausg. –
Frankfurt/M; Berlin: Ullstein, 1988
(Ullstein-Buch; Nr. 37147: Ullstein-
Werkausgaben)
ISBN 3-548-37147-7
NE: GT

Inhalt

Melchiorgasse 55

Das Haus Nr. 55 in der Melchiorgasse, die sich im VII. Wiener Bezirk bis zum Gürtel erstreckt, entstammt der Jahrhundertwende. Wurde also zu einer Zeit gebaut, da Hausbesitzer sein einen Lebensberuf bedeutete. Man war Hausherr, wie man Advokat oder Fabrikant war. Die Frau des Hausbesitzers war die Hausbesitzersgattin, der Sohn ein Hausherrensohn. Unter allen Großstadtdrohnen war der Hausbesitzer die stärkste und brutalste. In anderen Städten war ein Haus sichere Kapitalanlage, in Wien oft ausschließlicher Erwerb. Es galt, aus einem Haus soviel Profit wie möglich herauszuschlagen, also mit schlechtem Material zu bauen, mit jedem Quadratzentimeter Raum zu sparen, Öfen aufzustellen, die nichts kosteten und auch nicht heizten, die Luft und das Licht in Kabinette zu verwandeln, aus einem Loch, das kaum für eine Speisekammer genügen würde, ein Schlafzimmer zu machen. Modernen Wohnungsluxus, wie ihn andere Städte haben, gab und gibt es in Wien nicht, er beschränkte sich auf einige Dutzend Mietpaläste, die nur für die ganz Reichen in Betracht kamen.

Das Haus Nr. 55 in der Melchiorgasse ist der Typus des neueren Wiener Miethauses mit finsteren Korridoren, stockdunklen Nebenräumen, abgestohlenen Badezimmern, schäbigem Talmiluxus und einer Fassade voll von abscheulichen, angekleckstten Ornamenten aus Kalk und Mörtel.

Dieses Haus betrat an einem Spätherbstabend, als es schon recht dunkel war, ein großer, kräftiger Herr, der, vielleicht um sich vor dem feuchten Nebel zu schützen, den Kragen seines eleganten, hochmodernen englischen Ulsters so hoch aufgeschlagen hatte, daß er den schwarzen Spitzbart und die untere Partie des Gesichtes bedeckte. Hastig, immer zwei Stufen auf einmal nehmend, stürmte er die Treppe ins Mezzanin, sperrte eine Türe auf, deren Schild den Namen Barbara Merkel enthielt, querte das total dunkle Vorzimmer und blieb vor einer kleinen Türe, die in die Küche der Wohnung führte, zögernd stehen. Mit halblauter, gepreßter, wie es schien verstellter Stimme rief er:

»Frau Merkel!«

Eine schlampige beleibte Frau mit vorgetriebenem Bauch öffnete die Türe, aus der dem Herrn der Geruch von ranzigem Fett entgegenschlug.

»Alles in Ordnung, Herr Doktor, das Bett hab ich frisch überzogen, die Kopfpolster auch. Aber bitt schön, Herr Doktor, das Waschen kostet ja jetzt soviel Geld, ich tät schon bitten, etwas zuzulegen.«

Der Herr, der im dunklen Vorzimmer stehengeblieben war, brummte knurrend:

»Schon recht, am Ersten werde ich das schon machen. Ich wollte Ihnen nur sagen, wenn es zweimal hintereinander läutet, so werde ich öffnen, und Sie lassen sich nicht blicken.«

»Aber Herr Doktor, auf mich können Sie sich verlassen wie auf den lieben Herrgott, bei mir sind schon so viele Damen aus- und eingegangen, ich kümmere mich um keine, und wenn ich einer auf der Treppe begegnet bin, hab ich immer weggeschaut. Diskretion, das ist Ehrensache bei mir. Das hat auch der letzte Herr vor Ihnen, der Beamter im Finanzministerium war, so gerühmt. Er ist immer mit der Frau von einem Notar aus der Inneren Stadt gekommen – jetzt fällt mir der Name nicht ein, gleich wer ich's wissen – und – – «

Der große Herr mit dem Spitzbart unterbrach den Redestrom der diskreten Zimmervermieterin und wollte sich zurückziehen. Frau Merkel rief ihm nach:

»Herr Doktor, bitt schön, nicht wahr, vor zehn Uhr gehen Sie weg? Es ist wegen der Hausmeisterin. Das Luder tät sonst zum Mietamt laufen und mich anzeigen, damit man mir das Zimmer anfordert oder mich gar ganz hinausschmeißt.«

»Jawohl, so, wie wir es ausbedungen haben: Vor zehn Uhr sind wir wieder fort.«

Der Herr zog sich nun endlich in das gemietete Absteigequartier zurück, knipste das Licht an, sperrte hinter sich die Türe ab und begann, nachdem er Rock und Hut abgelegt hatte, sich vor dem großen Schrankspiegel sorgfältig des falschen Spitzbartes zu entledigen. Ohne Zwicker, bartlos, hätte höchstens ein sehr kundiger Detektiv in ihm den Herrn von vorhin erkannt. Er trug Frack und Lackstiefel, sah sehr distinguiert aus, wenn auch die Perlen in der Hemdbrust dem Anschein nach nicht echt waren.

Bart und Zwicker steckte er in die weiten Taschen des Ulsters, dann zündete er den kleinen Gasofen in der Ecke des großen, mit billiger Eleganz möblierten Zimmers an, setzte eine Zigarette in Brand und ging ungeduldig auf und ab. Die gerunzelte Stirn, das nervöse Kauen an den langen wohlgepflegten Fingernägeln, die zusammengekniffenen Lippen deuteten auf innere Unruhe und schwere Gedanken.

Das Rattern eines Autos wurde vernehmbar, der Herr sperrte auf, trat in das finstere Vorzimmer, lauschte hinaus. Jetzt zweimal ein schrilles Tönen der Klingel, der Herr ohne Bart öffnete die Wohnungstür, flüsterte »Grüß Gott, Lia«, nahm die Eintretende am Arm und führte sie in das Zimmer. Frau Merkel, die durch das Schlüsselloch der Küchentür schaute, konnte zu ihrem Bedauern nicht das mindeste von der fremden Dame sehen und begab sich wieder zu ihren Kochtöpfen.

Die schlanke junge Frau riß den kostbaren Chinchillapelz auf.

»Du, mir ist ganz heiß vor Angst geworden, wie ich aus dem Auto stieg und die Treppe hinauflief. Wenn mich nur niemand gesehen hat!«

Sie wickelte den dichten Schleier von dem Goldhütchen, ließ den Pelz von den Schultern auf den Teppich gleiten und stand nun in ihrer ganzen jugendlichen Schönheit vor dem Mann, um dessen Hals sie die nackten Arme schlang. Das goldgestickte schwarze Seidenkleid floß weich von den schneeweißen Schultern zu den schwarzen Seidensandalen. Die fleischfarbenen Seidenstrümpfe umschlossen die schlanken feinen Beine, die wie nackt aussahen.

Sie war von jener seltenen halborientalischen Schönheit, die auf empfindsame Männer aufpeitschend und erregend wirkt. Reiche tiefschwarze Haare umrahmten das ovale Gesicht, dessen Elfenbeinteint in grellem, aber um so wirksamerem Kontrast zu den brennrot gefärbten Lippen und den grauen feuchten Augen stand. Der junge Leib war von schlanker Fülle, die vollen weichen Arme mädchenhaft und doch irgendwie lasziv und unkeusch in ihrer Wirkung.

Brennende wilde Küsse, girrendes Lachen. Die Frau löste sich aus der Umschlingung.

»Vorsichtig, wir dürfen uns nicht derangieren. In zwei Stunden spätestens muß ich bei Rosenows sein. Mein Mann glaubt, ich sei in der Oper. Er war sehr gekränkt darüber, daß ich nur einen Sitz bekam und allein gehe. Aber ich sagte ihm, ich müsse unbedingt die Jeritza in ›Tosca‹ hören.«

»Wird er dich nicht abholen?«

»Nein, ich habe ihm gesagt, ich würde wahrscheinlich schon nach dem zweiten Akt fortgehen, um nicht so spät zu Rosenows zu kommen. Er hat mir versprochen, schon um neun Uhr dort zu sein und mein eventuelles Späterkommen zu entschuldigen. Du mußt natürlich auch spätestens um halb zehn dort sein, es wäre zu auffällig, wenn wir beide nach Beginn des Soupers kämen.«

Der Mann zog das junge Weib, das nun die lange köstliche Perlenschnur, die glitzernden Armbänder und die mit haselnußgroßen Smaragden und Diamanten versehenen Ringe abstreifte, wieder an sich.

»Du, rasch, laß uns die kurze Zeit, die uns bleibt, ausnützen.«

Sie huschte errötend zur Türe, knipste das Licht ab, man hörte das Rascheln von Seide, das leise Poltern von Schuhen, zwei Gestalten verkrampften sich in der Dunkelheit zu einer, taumelten zum Ruhelager.

Der Herr mit dem Spitzbart, Zwicker und hochgeschlagenen Rockkragen öffnete eine Spalte der Küchentüre. Frau Merkel, neben dem Herd sitzend, taumelte aus leichtem Schlummer empor.

»Es ist neun Uhr, ich geh' jetzt, Frau Merkel. Die Dame ruht sich noch ein wenig aus, wird aber auch vor zehn Uhr fortgehen. In ein paar Tagen kommen wir wieder.«

»Küß die Hand, Herr Doktor! Die Herrschaften werden schon mit mir zufrieden sein. Sauber und diskret, da können Sie sich darauf verlassen! Ein Fabrikant aus Mariahilf, der was bei mir gemietet gehabt hat, wissen Sie, der die Möbelfabrik hat, der ist immer mit der Mizzi Lorian vom Raimund-Theater gekommen und hat gesagt – – «

Der Herr erfuhr nicht, was der Fabrikant gesagt hatte, denn er eilte schon die Treppe hinunter auf die Straße, deren Finsternis ihn verschlang.

Das große Souper

Bei Generaldirektor Rosenow ist Gesellschaft. Mehr als hundert Gäste sind zum Souper geladen. Die große, schloßähnliche Villa in der Pötzleinsdorfer Allee strahlte im Glanz der elektrischen Kronleuchter, auch die Bogenlampen im Park, der die Villa umgibt, leuchten blau und erhellen auf hundert Meter die ganze Gegend. Ein Auto nach dem anderen fährt vor das Gartenportal, vor dem zwei livrierte Diener die Gäste in Empfang nehmen. Ein dritter Diener geleitet sie die gedeckte Gartentreppe zur Villa hinauf, wo sie von Zofen der Pelze und Mäntel entledigt werden. In der mächtigen Halle begrüßt Generaldirektor Jonas Rosenow zappelnd, aufgeregt, jovial, ehrfurchtsvoll oder schäkernd seine Gäste und führt sie zu einem Tisch, auf dem jeder Herr, jede Dame die Tischkarte findet. Dann betritt man den ersten, in Empire gehaltenen Salon, in dem die Frau Rosenow die Honneurs macht. Der dicken kleinen Dame mit rundem, freundlichen Gesicht fällt das nicht leicht. Von Zeit zu Zeit wirft sie einen flehenden Blick auf die schlanke, hohe, magere Gestalt neben ihr, die ihr dann beispringt. Es ist dies die verwitwete Gräfin Stuppach, jetzt Hausdame bei Rosenows.

Generaldirektor Rosenow hatte noch im Jahre 1918 Rosenstrauch geheißen und eine kleine Wechselstube in der Taborstraße gehabt, in der auch Klassenlose, Theaterkarten und Versatzzettel verkauft wurden. Das kleine Männchen hatte aber Blick für die Möglichkeiten der Zeit, wurde von Tag zu Tag reicher, kaufte und verkaufte mit fabelhafter Geschicklichkeit Häuser und Güter, übersiedelte bald aus der Pazmanitengasse, in der er seit seinem Zuzug aus Bielitz gewohnt hatte, nach dem Palais in der Pötzleinsdorfer Allee, gründete mit anderen zusammen die Mitteleuropäische Kreditbank, wurde ihr Generaldirektor und gab nun auf Veranlassung seiner Tochter Regina, die eben im kleinen Biedermeiersalon den um sie versammelten Herren den neuesten Schlager von Leopoldi und Wiesenthal, »Ausgerechnet Bananen, Bananen verlangt sie von mir«, vorsang, die erste große Gesellschaft. Geschickt hatte das schlanke pikante Mädchen, das die Eltern an Wuchs, Bildung und Geist hoch überragte, bei der Einladung unter die führenden Bank- und Finanzgrößen ein Dutzend Schriftsteller, Maler, Musiker und sogar einen Journalisten gestreut.

Dieser Otto Demel, Redakteur des »Wiener Herold«, war eben im türkischen Rauchsalon von Herren umringt, die von ihm die neuesten Nachrichten aus dem Deutschen Reich hören wollten. Demel, einer der geistvollsten Causeure der Wiener Journalistik, gefürchtet wegen seiner boshaften Witze, aber bei den Lesern beliebt wegen seiner tiefgründigen Beleuchtung alltäglicher Dinge, erstattete kurz Bericht und fragte dann launig:

»Also, wie ist das, meine Herren? Wird die Börse morgen flau sein oder fest? Werde ich mit den fünfundzwanzig Eos-Aktien, die ich besitze, Milliardär werden, oder muß ich als armer Mann sterben?«

Nathan Großkopf, ein kahlköpfiger, asthmatischer Riese, den man auf etliche hundert Milliarden schätzte, erwiderte achselzuckend:

»Wenn ein Mensch von Ihrer Begabung und Ihrem Geist noch nicht Milliardär ist, so beweist das nur, daß Geist und Klugheit zwei ganz verschiedene Dinge sind. Aber wenn Sie es mir gestatten, kaufe ich morgen für Sie hundert Alpine –«

»Ich gestatte nicht, womit ich zwar noch nicht beweise, daß ich Geist habe, wohl aber, daß ich nicht klug bin. Meine Herren, Sie haben keine Ahnung, wie wohl das tut, unter so vielen klugen Menschen der einzige zu sein, der nur Geist und kein Geld besitzt.«

Großkopf und einige andere Herren lächelten ein wenig verächtlich und verließen den Raum, in dem der Journalist mit dem Rechtsanwalt Doktor Leid und einem großen, schlanken Mann von kaum dreißig Jahren, Egon Stirner, einem Beamten der Mitteleuropäischen Kreditbank, zurückblieb. Otto Demel hatte beobachtet, daß Dr. Leid in Zwischenpausen von kaum einer Minute auf seine Uhr sah. Er legte den Arm um die Schulter des blassen, ersichtlich ermüdeten und nervösen Rechtsanwaltes, dessen große Kanzlei als die bestgehende von Wien galt, und sagte scherzend:

»Wo ist denn deine schöne Frau? Ich wette, daß du nur deshalb so nervös bist, weil sie nicht ununterbrochen neben dir steht! Mensch, du bist jetzt doch schon drei Jahre verheiratet – höchste Zeit, die Flitterwochen zu beenden.«

Verlegen wehrte der Rechtsanwalt ab:

»Lia ist in der Oper, bei ›Tosca‹, und hat mir versprochen, schon nach dem zweiten Akt fortzugehen. Es wäre doch peinlich, wenn ihr Platz an der Tafel leer bliebe und sie dann inmitten des Soupers hereinkäme.«

Egon Stirner lachte hell auf.

»Peinlich! Einem Mann wäre das peinlich! Aber einer schönen jungen Frau? Für die ist es ein geradezu herrliches Gefühl, einen vollen Saal zu betreten und alle Augen auf sich gerichtet zu wissen.«

»Nicht übel beobachtet«, meinte Demel, »Sie sind entschieden Frauenkenner, Herr Stirner. Wie ich deine schöne Frau kenne, wird es ihr wirklich ein Hochgenuß sein, allein in ihrer ganzen imponierenden Lieblichkeit in den Speisesaal zu rauschen.«

Leid lächelte geschmeichelt, aber es zuckte dabei um seine Mundwinkel. Hatte denn irgend jemand, sein bester Freund Otto Demel mit eingeschlossen, eine Ahnung, wie er Lia liebte und – wie er um sie bangte? Wußte jemand etwas von den Qualen, die er litt, wenn er fühlte, wie sich Lia innerlich immer mehr von ihm entfernte, in seinen Armen kalt wie Eis blieb, sich in seiner Gesellschaft langweilte, müde und verdrossen war, wenn aber andere Männer kamen, ihr Temperament lichterloh aufflammen ließ?

Ein sanft abgetönter Gongschlag rief die Gäste aus den zwanzig oder mehr Zimmern in den Speisesaal, in dem zwei lange Tafeln schneeweiß unter Gold, Silber, Blumen und Kristallglas schimmerten.

Doktor Leid überzeugte sich, daß seine Frau noch immer nicht da war. Er eilte zur Hausfrau, um eine Entschuldigung vorzubringen.

»Jammerschade«, klagte Frau Sabine Rosenow, »jammerschade, das Essen wird ihr kalt werden.« Sie war in diesem Augenblick eben nicht die Milliardärsgattin, sondern die brave Hausfrau aus Bielitz, die bei dem Gedanken zitterte, daß Jonas, ihr Gatte, oder Regi, das Töchterl, eine kalte Suppe bekommen könnten. Gräfin Stuppach, der ob dieser Bemerkung sich die grauen Haare sträubten, rettete die Situation. Sie lächelte verbindlich und sagte:

»Frau Generaldirektor beliebt natürlich nur zu scherzen. Herr Doktor, Ihre Frau Gemahlin ist willkommen, wann immer sie auch erscheinen wird. Selbstverständlich wird für verspätete Gäste nachserviert.«

Das kleine Streichorchester, das auf der Galerie des mächtigen, im altenglischen Stil gehaltenen Speisesaales untergebracht war, begann zu spielen. Lautlos, auf Gummisohlen einherhuschend, trugen die Diener die köstlichen Speisen auf, weniger lautlos schmatzten, schlürften, unterhielten sich die Gäste. Rubinroter, grünlichgelber, goldgelber Wein funkelte in den Gläsern.

Doktor Leid bemühte sich vergeblich, seine Tischnachbarin zu unterhalten. Gesprächsstoff wäre genug vorhanden gewesen, da er innerhalb weniger Jahre dreimal ihre schmerzlose Scheidung bewirkt hatte. Aber er war zerstreut, immer flog sein Blick nach dem leeren Platz hinüber, der für seine Frau bestimmt war, und seine Gedanken gingen zurück auf die Zeit, da er sich in Lia verliebt hatte.

Er vierzig, sie zwanzig. Er der vielbeschäftigte Anwalt mit einem für diesen Beruf exorbitant hohen Einkommen, sie ein armes Tippmädel aus kleinem jüdischen Haus, das eben durch Protektion in seiner Kanzlei untergekommen war.

Dr. Leid pflegte nur mit seinen zahlreichen Konzipienten zu verkehren, dem weiblichen Personal schenkte er kaum einen Blick, wenn er durch die Schreibzimmer ging. Aber einmal traf es sich, daß er nach Kanzleischluß zurückkehrte, um noch einen vergessenen Brief zu diktieren. Es war niemand mehr anwesend als das neue Fräulein, Lia Holzer, die sich eben auch zum Fortgehen anschickte. Dr. Leid diktierte ihr den Brief direkt in die Maschine, und da er nicht wollte, daß die Reinemachefrauen zuhören, beugte er sich zu ihr hinab. Sog das Aroma des jungen schönen Mädchens ein, sah die schwellenden Formen der mädchenhaften Brüste, wurde verwirrt, atmete schwer, vergaß, weiterzudiktieren. Und wie sie sich aufrichtete, um ihn fragend anzublicken, berührte die atlasweiche Haut ihrer Wange sein Gesicht, versenkte sich sein Blick in ihre großen, feuchten Augen, in denen das Temperament eines jungen leidenschaftlichen Weibes mühsam verhalten glühte.

Innerhalb weniger Tage ging die Saat dieses unbedeutenden Geschehnisses auf. Bevor ein Monat um war, schied Lia Holzer wieder aus der Anwaltskanzlei, aber nicht als Entlassene, sondern als Braut ihres Chefs. Bald fand die Hochzeit statt, und es kamen Wochen, während deren sich Dr. Leid wieder als Jüngling fühlte und dachte, daß das größte Glück der Welt ihm zu eigen geworden sei. Bedenken über den großen Altersunterschied verscheuchte er mit triftigen Argumenten. Sein Lebensernst, seine restlose Liebe zu Lia, nicht zuletzt sein Reichtum würden ausgleichend wirken. Und dann – Lia würde ihm Kinder schenken und als Mutter unlöslich mit ihm verknüpft sein.

Aber Lia bekam kein Kind, wollte keines bekommen. Sie stürzte sich in den Strudel des gesellschaftlichen Lebens, tanzte nachmittags im

Trocadero, im Bristol-Grillroom, im Tabarin, während er in der Kanzlei arbeitete, schmollte, wenn er spätabends todmüde nicht mehr in Gesellschaft gehen wollte, gähnte, wenn er ihr von seinen beruflichen Erlebnissen erzählte, ließ die guten Bücher, die er ihr brachte, ungelesen umherliegen, hatte nur Toiletten, Nachmittagstees, Autofahrten, Theater und Bälle in ihrem schönen Köpfchen.

Ob sie ihn auch betrog? Unwillig, empört über diesen Gedanken, zuckte Leid empor. Lächerlich! Sie flirtete, wie es alle Frauen tun, kokettierte mehr sogar als andere, aber ihn betrügen? Nein, daran zu glauben hatte er wahrhaft keine Ursache. Neuerdings befand sich dieser ihm wenig sympathische Egon Stirner oft in ihrer Gesellschaft, und erst gestern war es ihm abends im Imperial, wo sie gemeinsam zu dritt gespeist hatten, gewesen, als würde zwischen den beiden ein bedeutsamer Blick ausgetauscht werden. Aber nein, ein Flirt und nichts weiter! Und vom Flirt zum Ehebruch war ein weiter Weg, den seine Lia nie beschreiten würde.

Wo sie nur blieb? Nun könnte sie schon hier sein, auch wenn sie bis zum Schluß der Vorstellung geblieben wäre. Seine Nachbarin tröstete ihn: »Bitt Sie, die Jeritza wird sich zwanzigmal nach jedem Aktschluß verneigen müssen. Sicher dauert die Vorstellung bis nach zehn Uhr.«

Die erste Tischrede wurde gehalten. Ein ehemaliger Minister, jetzt Verwaltungsrat bei der Mitteleuropäischen Kreditbank, sagte monoton und stammelnd sein Sprüchlein auf, verglich Jonas Rosenow mit einem aufgehenden Stern und seine Gattin mit einem Veilchen, das gern im Verborgenen blüht, aber um so intensiver duftet. Worauf der Journalist furchtbare Gesichter schnitt, um nicht herausplatzen zu müssen.

Der Hausherr, schwitzend vor Aufregung, erwiderte. Als er sagte, er wisse die Ehre zu schätzen, so illustre Gäste an seiner fürstlichen Tafel versammelt zu sehen, fiel Gräfin Stuppach beinahe in Ohnmacht. Demel konnte sich nicht mehr zurückhalten und lachte hellauf, und sogar Dr. Leid vergaß seine trüben Gedanken und lächelte dem Freund, der ihm gegenüber saß und der Tischherr seiner Frau hätte sein sollen, vergnügt zu.

Dann aber packte ihn wieder seine Nervosität. Es war halb elf Uhr, und Lia noch immer nicht hier. Das ging nicht mit rechten Dingen zu, es mußte etwas geschehen sein. Vielleicht war sie unpäßlich geworden, vielleicht ein Brand im Opernhaus ausgebrochen. Erinnerungen an den Ringtheaterbrand, von dem seine Eltern ihm sooft erzählt hatten, tauchten auf. Er konnte sich nicht länger beherrschen, sprang auf und verließ, eine Entschuldigung gegen seine Tischdame vor sich hin murmelnd, den Speisesaal, um zum Telephon zu eilen und seine Wohnung anzurufen.

Nein, die gnädige Frau sei nicht zu Hause. Sie sei doch in großer Toilette, dem neuen goldgestickten schwarzseidenen Kleid, nach der Oper gefahren, um sich von dort direkt nach Pötzleinsdorf zu begeben.

Leid läutete ungeduldig ab. Die Schweißtropfen standen ihm auf der hohen klugen Stirne, als er in den Speisesaal zurückkehrte. Und nun begann sich seine Unruhe den übrigen Gästen mitzuteilen. Von allen Seiten wurde er gefragt, wo denn seine Frau bleibe. Einige Herren zischelten einander frivole Witze zu, Frauen lächelten mehr mokant als teilnahmsvoll. Otto Demel aber wurde von aufrichtiger Besorgnis ergriffen, während der neueste Flirt der schönen Frau Lia, Egon Stirner, ersichtlich bekümmert war.

Elf Uhr. Die Unterhaltung im Saal war dank des reichlichen Weingenusses so überlaut geworden, daß man kaum die Musik hörte. Schon stand man ungeniert auf, um mit entfernter Sitzenden anzustoßen, hier und dort wurde ein Champagnerkelch ausgegossen, schrille kleine Schreie bewiesen dem Kundigen, daß die Zote und die Erotik ihre Rechte forderten. Leid aber saß totenbleich und gelähmt da, fühlte sich von den neugierigen Blicken wie durchbohrt.

Otto Demel trat auf ihn zu, legte den Arm um seine Schulter.

»Ich werde jetzt die Redaktion anrufen, vielleicht hat sich in der Oper etwas ereignet, was das Ende der Vorstellung verzögert hat. Ganz gut möglich, eine Indisposition, ein Versagen des eisernen Vorhangs oder so etwas.«

Es verging einige Zeit, bevor Demel zurückkehrte. Lächelnd beruhigte er den Freund.

»Die Oper war tatsächlich recht spät aus, weil man der Jeritza unaufhörlich Ovationen dargebracht hat. Immerhin müßte deine Frau schon hier sein. Aber die Sache ist mir jetzt ganz klar. Lia wollte nicht gegen Ende des Soupers erscheinen und wird mit Bekannten irgendwo rasch speisen gegangen sein. Du wirst sehen, gleich ist sie hier.«

Laut, so daß es auch die weiter abseits Stehenden hören konnten, fuhr er fort:

»Ein sehr romantischer und interessanter Mord hat sich, wie mir der Nachtredakteur erzählte, ereignet. In der Melchiorgasse 55 wurde kurz nach zehn Uhr in einem Absteigequartier die Leiche einer bildschönen jungen Frau gefunden. Das schwarzseidene goldgestickte Abendkleid und der Chinchillapelz lassen auf beste Gesellschaft schließen. Mehr weiß man noch nicht.«

Doktor Leid war aufgesprungen, wie im Traum wiederholte er die Worte »schwarzseidenes goldgesticktes Kleid, Chinchillapelz – – –« Dann schrie er gellend auf:

»Das ist Lia!« Und stürzte ohnmächtig zusammen.

Mord!

Eine Panik entstand in dem Saal. Mit einem schrillen Riß unterbrach das Orchester sein Spiel, gellende Schreie ertönten, alles drängte zu dem wie leblos auf dem Teppich liegenden Rechtsanwalt, so daß der Journalist und ein als Gast anwesender Arzt, berühmt und beliebt als erfolgreicher Bekämpfer des Kindersegens, nur mühsam zu Dr. Leid gelangen konnten. Er wurde in ein anderes Zimmer getragen, während die Gäste aufgeregte Gruppen bildeten und schreiend gestikulierend das furchtbare Ereignis besprachen.

Frauen waren unter der Schminke sehr bleich geworden. Dunkle Treppen, Zimmer mit dicht verschlossenen Vorhängen tauchten vor ihnen auf, sie sahen sich selbst, verschleiert, angsterfüllt, mit fiebernden Nerven wie von Furien verfolgt und durch schmutzige verwahrloste Straßen eilen – – –

Und Männer sprachen jetzt im Flüsterton über die Verderbtheit der Zeit und warfen scheue, verlegene Blicke auf ihre Frauen, in denen die stumme Frage lag: »Auch du? – – –«

Rechtsanwalt Leid war in dem Schlafzimmer, in das er getragen worden war, wieder zu sich gekommen. Um ein Jahrzehnt gealtert, lag er da, resigniert, schweigend, verfallen. Demel, über ihn gebeugt, sprach ihm Trost zu:

»Vielleicht täuschst du dich, vielleicht ist sie es nicht! Noch hast du keine Gewißheit!«

Mit einer müden Geste wehrte Leid ab:

»Sie ist es, ich weiß es. Arme Lia, ich war doch wohl zu alt für sie, zu schwer und ernst. Sie hat Feuer und Flamme gebraucht, und ich bin ein ausgebrannter Krater. Lieber Freund, geh hin, sieh, daß ihrer Leiche kein Schmerz zugefügt wird. Ich aber fühle mich wieder ganz wohl und werde dich im Hotel Bristol, wo ich mir ein Zimmer nehmen werde, erwarten. Mein Heim betrete ich nie wieder.«

Erschüttert wandte sich Demel ab, um den Wunsch des Freundes zu erfüllen. Er wäre auch ohne diese Aufforderung nach der Mordstätte geeilt, denn schon regte sich der Journalist in ihm, der Zeiten- und Sittenschilderer, dem dieser Mord Symbol und Mysterium zugleich zu sein schien.

Als Otto Demel eines der für die Gäste bereitgestellten Automobile bestieg, um nach der Melchiorgasse zu fahren, drängte sich Egon Stirner an seine Seite.

»Bitte, Herr Redakteur, nehmen Sie mich mit! Ich bin so erschüttert, daß ich es gar nicht in Worten ausdrücken kann. Diese liebe, schöne, lebenslustige Frau – gestern noch habe ich mit ihr und Doktor Leid im ›Imperial‹ gespeist und heute – nein, es ist nicht auszudenken.«

Das Auto sauste schon die Währingerstraße abwärts. Gedankenlos fragte der Journalist:

»Sind Sie mit den Leids gut bekannt?«

»Mein Gott, gut bekannt? Vor ein paar Wochen, an einem schönen Septembertag, lernte ich sie in der Krieau in Gesellschaft unseres Generaldirektors und dessen Gattin kennen und bin seither noch etliche Male mit ihnen zusammengetroffen. Öfters eigentlich mit Frau Lia, die als leidenschaftliche Tänzerin nachmittags immer im Pavillon, im Tabarin oder Bristol zu treffen war. Nun, da ich auch gern tanze, verbrachte ich oft eine Stunde in ihrer Gesellschaft.«

»Da würden Sie ja, falls die Ermordete wirklich mit Frau Lia identisch sein sollte, vielleicht einiges zur Eruierung des Mörders beitragen können. Der Kreis, in dem man ihn zu suchen hat, kann nicht allzu groß sein. Sicher ein Mann, äußerlich wenigstens der guten Gesellschaft angehörend, sicher einer, der, wie Sie, mit ihr getanzt hat.«

Das Auto nahm scharf die Kurve in die Schwarzspanierstraße, und es verging wohl eine Minute, bevor Stirner zögernd antwortete.

»Natürlich umringte immer eine ganze Schar von Männern die schöne Frau. Einige von ihnen kenne ich, viele waren Ausländer, die mir nicht einmal dem Namen nach bekannt sind. Und dann: Frauen pflegen ihre Geheimnisse gut zu hüten – – –«

Das Automobil war in der Melchiorgasse angelangt und hielt vor dem Haus Nr. 55, vor dem trotz der vorgerückten Nachtstunde eine große Menschenmenge angesammelt war.

Beklommen murmelte der Journalist:

»Der Polizeipräsident ist da. Ich kenne seinen Wagen. Natürlich, es handelt sich ja um einen sensationellen Fall.«

Vor dem geschlossenen Haustor, das von zwei Polizisten bewacht wurde, verabschiedete sich der Bankbeamte von dem Journalisten.

»Ich habe hier ja nichts zu tun. Ich gehe ins Café Payr und wäre

Ihnen sehr verbunden, wenn Sie nachher einen Sprung hinein machen würden. Sie können sich denken, daß ich mehr als gespannt bin.«

Demel nickte und bekam nach Vorweisung seiner Legitimation ohne weiteres Einlaß in das Haus und in die Wohnung der Frau Merkel. Und schon stand er in dem Zimmer, in dem der Mord geschehen war.

Die Leiche lag auf dem Diwan und war jetzt mit einem Leintuch bedeckt, um den Tisch herum saßen der Polizeipräsident, der Chef der Sicherheitspolizei, Hofrat Schmitz, ein Protokollschreiber, der Polizeiarzt, neben dem Tisch stand zwischen zwei Detektiven Frau Merkel mit vom Weinen geschwollenen Augen.

Demel begrüßte die ihm wohlbekannten Herren und sagte hastig:

»Ich komme nicht nur als Journalist, sondern auch, um vielleicht Aussagen machen zu können. Ist die Ermordete schon identifiziert?«

»Nein«, erwiderte Hofrat Schmitz. »Es handelt sich zweifellos um eine Dame der großen Gesellschaft, das beweisen die kostbaren Kleider und der Pelz. Das Taschentuch der Ermordeten ist mit LL gemerkt, mehr aber wissen wir noch nicht.«

Demel atmete tief auf.

»Das genügt, und wenn Sie mich noch einen Blick auf die Unglückliche werfen lassen, so werde ich Ihnen sagen, wer sie ist.«

Auf einen Wink des Präsidenten schlug ein Beamter das Tuch zurück. Und vor dem Journalisten lag fast nackt, nur mit einer über die Brüste herabgezogenen Kombination aus durchsichtiger schwarzer Seide bekleidet, die Leiche Lia Leids. Der Mund wie zum Schrei geöffnet, die Hände zur letzten Abwehr erhoben, die feurigen Augen gebrochen, ein Bild des Jammers und Grauens, und doch noch im Tode schön.

Demel senkte das Haupt vor der Leiche, faltete die Hände wie zum Gebet. Totenbleich wandte er sich wieder der Kommission zu.

»Meine Herren, die Ermordete ist Frau Lia Leid, die Gattin meines Freundes, des auch Ihnen wohlbekannten Rechtsanwaltes Doktor Heinrich Leid.«

Ein Ausruf des Entsetzens entrang sich dem Präsidenten und dem Hofrat. Mit einem Blick auf den Chef der Sicherheitspolizei murmelte der Polizeipräsident:

»Das ist furchtbar! Ganz Wien wird auf sein. Wir müssen den Mörder um jeden Preis rasch entdecken.« Und zu einem der Unterbeamten:

»Veranlassen Sie, daß in den Morgenstunden schon auf allen Plakatsäulen eine Belohnung von zehn Millionen Kronen als Ergreiferprämie angekündigt wird.«

Demel lächelte skeptisch. Immer die alten Methoden, dachte er, das bewährte Klischee. Als wenn in diesem Fall der Mörder Spießgesellen gehabt hätte, die ihn verraten könnten! Und dann laut: »Dürfte ich bitten, mir zu sagen, was bisher festgestellt wurde?«

»Sicher, Herr Redakteur, vielleicht können Sie uns sogar manch guten Wink geben. Frau Merkel, jetzt, da Sie genug geheult haben, werden Sie wohl alles, was Sie wissen, im Zusammenhang nochmals erzählen können. Zu bemerken ist, daß Frau Merkel ein Zimmer ihrer Wohnung, die aus zwei Zimmern und Küche besteht, als Absteigequartier zu vermieten pflegt. Na, wir wollen ihr das nicht allzusehr ankreiden. Also los, Frau Merkel.«

Frau Barbara Merkel, die aus den letzten Worten des Präsidenten ein gewisses Wohlwollen herausfühlte, trocknete endgültig ihre Tränen und begann weitschweifig zu erzählen, wie sie als arme Witwe gezwungen sei, das größte Zimmer an feine Herrschaften zur gelegentlichen Benützung zu vermieten. Am letzten Sonntag habe sie nun im »Tagblatt« annonciert und ihr hochelegantes, ungeniertes Absteigequartier vornehmen Herrschaften empfohlen. Vorgestern, also Dienstag, spätabends sei ein großer Herr gekommen, um wegen des Zimmers zu sprechen. Sie wisse nur, daß er einen Kneifer und einen schwarzen Spitzbart gehabt habe. Genau konnte sie ihn nicht sehen, da er, als sie im finsteren Vorzimmer das Licht andrehte, es selbst abgedreht und gesagt habe, er wünsche nicht gesehen zu werden.

»Das hat mich nicht gewundert«, fuhr Frau Merkel fort, »denn die meisten Herrschaften, die ein Absteigequartier brauchen, tun so ängstlich. Ich habe dem Herrn dann das Zimmer gezeigt, aber er betrat es nicht, sondern besichtigte es vom dunklen Vorzimmer aus. Er hat dann gefragt, was das Zimmer koste, weil er es ganz allein für sich haben wolle, obwohl er es nur höchstens zweimal in der Woche am Nachmittag benützen werde. Also, meine Herren, ich bin eine arme ehrbare Witwe, und weil die Zeiten so teuer sind, habe ich gesagt, eine Million monatlich. Der Herr hat gleich gezahlt und von mir den Wohnungs- und Zimmerschlüssel bekommen. Ich habe ihm aber gesagt, daß er, wenn er sich nicht polizeilich anmelden wolle, mit seiner Dame immer vor Torsperre um zehn Uhr fortgehen müsse. Ich bin nämlich eine ehrbare Frau, die was keine Unanständigkeiten bei sich duldet.«

Sämtliche Herren im Zimmer, vom Polizeipräsidenten bis zu den Detektiven, lächelten bei diesen Worten trotz der Tragik der Situation.

»Was also ist heute geschehen?« fragte der Polizeipräsident.

»Heute, so um sieben herum, ist der Herr gekommen, ich habe ihn nicht gesehen, da er nur durch die Türspalte der Küche mit mir gesprochen hat. Er hat gesagt, seine Dame werde gleich kommen und zweimal läuten, und er werde selbst öffnen, und ich möge mich nicht unterstehen hinauszuschauen. Richtig hat es bald darauf zweimal geläutet, und er hat die Dame in das Zimmer geführt. Ich hab durch das Schlüsselloch geschaut, weil ich doch neugierig war, aber es war im Vorzimmer dunkel, und so konnte ich nichts sehen. Gegen neun Uhr ist der Herr dann weggegangen und hat durch die Türspalte in die Küche gerufen, daß die Dame sich noch ein wenig ausruhe, aber vor zehn Uhr fortgehen werde. Ich habe nun gewartet, es ist halb und dreiviertel zehn geworden, und nichts hat sich gerührt. Ein paar Minuten vor zehn bin ich zu der Zimmertür hingegangen und habe geklopft, aber keine Antwort bekommen. Immer wieder habe ich geklopft und schließlich sogar mit der Faust auf die Türe geschlagen, aber es hat sich nichts gerührt. In meiner Angst bin ich dann zur Hausmeisterin gelaufen, die hat einen Polizeimann geholt, und der Schlosser aus dem Nebenhaus ist gleich mitgekommen.«

Frau Merkel begann wieder zu schluchzen.

»Der fremde Herr muß die Türe hinter sich abgesperrt und den Schlüssel mitgenommen haben. Der Schlosser hat aber mit einem Haken gleich öffnen können. Es war finster im Zimmer, und wie ich das Licht aufgedreht habe, bin ich beinahe vor Schrecken umgefallen, denn auf dem Bett lag die Leiche.«

Frau Merkel konnte nun abtreten, und der Polizeipräsident gab dem Journalisten weitere Erläuterungen.

»Der Polizeiarzt, Dr. Schimmel, war gleichzeitig mit uns um halb elf Uhr hier. Bitte, Herr Doktor, sagen Sie nochmals, was Sie festgestellt haben.«

Der Arzt strich seinen graumelierten Bart zurecht, nahm ein Blatt Papier, das er mit Notizen vollgekritzelt hatte, zur Hand und sagte:

»Vor mir lag die Leiche einer Frauensperson von etwa 22 bis 25 Jahren. Der Tod konnte nicht früher als vor zwei Stunden, nicht später als vor anderthalb Stunden eingetreten sein, also zwischen neun und halb zehn Uhr abends. Der Tod ist zweifellos gewaltsam durch Erdrosselung herbeigeführt worden. Eine kräftige Hand scheint ohne vorhergegangenen Kampf der Frau den Kehlkopf zerdrückt zu haben. Nach gewissen Feststellungen, die ich machen konnte und deren Richtigkeit die Obduktion der Leiche zu erweisen hat, ist der Ermordung eine Liebesumarmung vorangegangen. Das wäre alles, was ich bei oberflächlicher Untersuchung feststellen konnte.«

»Welche Theorien haben die Herren?« fragte der Journalist nach einer Pause.

Hofrat Schmitz ergriff das Wort.

»Am naheliegendsten ist wohl die Vermutung, daß es sich um die

Tat eines Perversen, um einen Lustmord handelt, obwohl nach den bisherigen Erfahrungen Lustmörder auf Blutvergießen ausgehen, was hier nicht der Fall ist. Auf dem Tisch hier lag das goldene Täschchen, das zweifellos Eigentum der Ermordeten ist. Da sich in ihm nur ein Spitzentuch, aber keinerlei Geldbetrag gefunden hat, ist auch die Annahme eines Raubmordes zulässig. Obwohl ich mir nicht vorstellen kann, daß eine Dame Geldbeträge in einer Höhe mit sich trägt, die einen so komplizierten und vorbereiteten Raubmord rechtfertigen würden.«

Einer der Unterbeamten, ein noch junger Mensch mit intelligenten Gesichtszügen und guten Manieren, trat vor, räusperte sich und sagte:

»Gestatten die Herren, daß ich eine Bemerkung mache. Eine Dame, die so kostbare Pelze und Kleider trägt und, wie der Herr Redakteur vorhin mitteilte, eine große Abendgesellschaft hätte besuchen sollen, wird doch sicher Schmuck bei sich gehabt haben. Bei der Leiche wurde aber nicht ein einziges Schmuckstück gefunden!«

Polizeipräsident und Hofrat nickten beifällig, und letzterer sagte:

»Sehr richtig, Herr Horak, gut beobachtet. Wir werden also heute noch durch das Dienstpersonal der Ermordeten feststellen müssen, was Frau Leid an Schmuck bei sich gehabt hat.«

Lebhaft erklärte Demel:

»Ganz sicher ihre wunderbare Perlenschnur! Doktor Leid, der ja aus sehr reichem Hause stammt, hat sie von seiner Mutter geerbt und diese von einer Großtante, die sehr schön gewesen war und die Perlen aus England als Geschenk eines indischen Fürsten mitgebracht hatte. Vor einigen Monaten hat ein Juwelier die aus großen erlesenen Perlen bestehende Schnur auf hunderttausend Dollar, das sind sieben Milliarden Kronen, geschätzt. Außerdem pflegte Frau Leid auch anderen sehr wertvollen Schmuck zu tragen, den ihr Gatte ihr im Verlaufe der Ehe geschenkt hat.«

Der Polizeipräsident und der Chef der Sicherheitspolizei tuschelten miteinander, dann erklärte der letztere, daß nunmehr die Theorie eines Lustmordes fallengelassen werden könne. Es müsse nur schleunigst festgestellt werden, was Frau Leid an Schmuck und Geld bei sich gehabt habe. Dies konnte bald geschehen, da inzwischen der Detektiv Horak, ohne erst einen Auftrag abzuwarten, mittels Automobil das Stubenmädchen der Frau Leid aus der Wohnung am Arenbergring hatte herbeiholen lassen. Das Mädchen, das angesichts der Leiche ihrer Herrin beinahe in Ohnmacht gefallen wäre und fassungslos zu schluchzen begann, gab, nachdem es sich ein wenig beruhigt hatte, folgendes an: Frau Lia Leid habe, als sie kurz vor sieben Uhr in einem herbeigeholten Autotaxi das Haus verließ, nicht nur die Perlenschnur, sondern auch fast ihren ganzen sonstigen Schmuck angelegt, so einen ungemein kostbaren Diamantring, einen Ring mit einem Smaragd von außerordentlicher Größe, einen Schmetterling, der aus achtzig schönen Steinen bestand, mehrere Nadeln und ein Armband, das der Herr Doktor zum Geburtstag der gnädigen Frau für dreihundert Millionen gekauft hatte. Als sie die gnädige Frau gefragt habe, ob dies nicht zu viel Schmuck auf einmal sei, habe Frau Doktor lachend erwidert: »Aber Marie, haben Sie denn eine Ahnung, was für Protzen bei den Rosenows verkehren? Und außerdem, jemand, der mich sehr gern hat, liebt es, wenn ich viel Schmuck trage.«

Die Herren wechselten bedeutungsvolle Blicke, und der Chef der Sicherheitspolizei begann, das Stubenmädchen einem Verhör zu unterziehen.

»Sie müssen uns die Wahrheit sagen und dürfen nichts verschweigen. Die unglückliche Frau ist von einem Schurken ermordet worden, und wir alle haben das größte Interesse, ihn zu erwischen. Es kann dabei auf jedes Wort ankommen, das Sie sagen.«

Marie weinte bitterlich in ihr Taschentuch hinein. »Die arme gnädige Frau, sie war immer lustig und lieb. Und der gnädige Herr, der tut mir noch mehr leid, er hat ja die gnädige Frau so sehr geliebt. Bitt schön, Herr Polizeirat, fragen Sie nur, ich werde alles sagen, was ich weiß.«

»Gut, das ist vernünftig. Also, haben Sie heute an Frau Leid irgend etwas Auffälliges im Benehmen bemerkt?«

»Jetzt, wo das geschehen ist, fällt mir auf, daß sich die gnädige Frau, bevor sie weggegangen ist, mehr parfümiert hat als sonst und auch mehr in Eile war. Sonst ist es ihr nicht darauf angekommen, um eine halbe Stunde zu spät in die Oper zu kommen. Aber heute hat sie sich sehr getummelt.«

»Glauben Sie, daß die Dame einen größeren Geldbetrag bei sich gehabt hat?«

Marie dachte einen Augenblick nach.

»Jawohl, ganz sicher. Da unser Auto in Reparatur ist, mußte die gnädige Frau mit einem Autotaxi fahren, und im letzten Augenblick hat sie noch das Täschchen geöffnet, um nachzusehen, ob sie Kleingeld habe. Ich sah dabei in der Tasche eine ganze Rolle von Fünfhunderttausendkronennoten.«

»Und nun überlegen Sie genau: Wissen Sie, ob und mit wem Frau Leid in letzter Zeit Beziehungen unterhalten hat? Es wird Ihnen, wie ich sehe, schwer zu antworten, aber gerade das ist das Wichtigste. Frau

Leid ist in einem obskuren Absteigequartier, hier in diesem Zimmer, von einem Mann ermordet worden. Dieser Mann kann nur ihr Liebhaber gewesen sein. Wissen Sie, wer da in Betracht käme?«

Wieder weinte Marie. Dann sagte sie entschlossen:

»Die arme gnädige Frau! Wenn sie unrecht getan hat, so hat sie es mit dem Leben gebüßt. Also – ich glaube nicht, daß es die gnädige Frau mit der Treue sehr ernst nahm. Ich bin, seitdem die Herrschaften geheiratet haben, also seit drei Jahren im Haus. Vor drei Jahren hat es schon angefangen. Der erste war ein russischer Ingenieur, der jetzt wieder in Moskau ist, dann später ein rumänischer Attaché. Mit dem hat es fast ein Jahr gedauert, und wie er nach Paris gegangen ist, hat die gnädige Frau sehr geweint. Später kam dann ein ganz junger Sänger von der Volksoper oft ins Haus, Herr Kurmann. Ob sie etwas miteinander gehabt haben, weiß ich nicht, aber geküßt haben sie sich. Ich habe es selbst gesehen. Im Sommer, als die gnädige Frau nach Westerland gefahren ist, hat sie mir lachend gesagt: ›Marie, ich bin froh, daß ich den Kurmann loswerde, er ist dumm wie ein echter Tenor. Na, und viel tüchtiger als mein Mann ist er auch gerade nicht!‹«

Die Herren von der Polizei lächelten belustigt, Demel biß sich fast die Lippen wund. So also hatte die Frau vor ihrem Stubenmädchen über den betrogenen Gatten und den Liebhaber gesprochen! War das nicht überhaupt die moderne Moral jener Frauen, die zu rasch dem Ghetto, dem Harem, der Hörigkeit entwachsen waren! Innerlich schüttelte er sich und dachte: »Gottlob, daß ich nicht verheiratet bin!«

»Nun, und in der letzten Zeit?« drängte Hofrat Schmitz.

»Nach Westerland ist die gnädige Frau noch nach Rimini gefahren und erst vor vier Wochen zurückgekommen. In dieser Zeit wüßte ich niemand, im Haus hat keiner verkehrt, und mit wem die gnädige Frau außerhalb zusammengekommen ist, kann ich natürlich nicht wissen.«

»Wir werden uns den Sänger, den Kurmann, näher ansehen müssen«, meinte ärgerlich der Präsident.

»Überflüssig«, warf Demel ein. »Ich kenne Kurmann persönlich, er ist ein harmloser Bursche und hat heute zum erstenmal den Stolzing in den ›Meistersingern‹ gesungen. Die Oper dauert von sieben bis nach elf Uhr.«

Es war fast ein Uhr geworden, als der Präsident die Sitzung für beendet erklärte. In den frühesten Morgenstunden würde nach Fingerspuren geforscht und eine ganze Schar der tüchtigsten Beamten losgelassen werden:

»Sie, Herr Horak, behalten die Führung!«

Demel eilte in das Café Payr, stürzte in die Telephonzelle, diktierte für sein Blatt rasch einen Bericht, der die polizeilichen Meldungen ergänzte, und erzählte dann dem Bankbeamten Egon Stirner, der ungeduldig auf ihn gewartet hatte, was er erfahren, wobei er aber die von der Zofe enthüllten Liebesgeheimnisse der unglücklichen Frau nicht preisgab.

Schweigend, jeder in seine Gedanken versunken, saßen die beiden Herren noch eine Weile in dem Kaffeehaus, und unwillkürlich dachte der Journalist, als er sich in dem Lokal umsah:

»Welch grauenvolle Schicksale wohl alle diese geschminkten, forciert lustigen Mädchen in sich bergen, die im Kampf um seidene Strümpfe und scheinbares Wohlleben unaufhaltsam die Lebensleiter abwärts rutschen, bis sie eines Tages im Abgrund verschwinden, im Sumpf versinken!«

Eine Familie im Abstieg

Wiens Entwicklung ist unorganisch, ohne Ziel und Zweck vor sich gegangen. Wien ist wohl die einzige Großstadt, die keine City, kein Wohnviertel hat, sondern ein Kunterbunt von Villen, Luxusbauten, Palästen, Mietkasernen, verfallenen Häusern, Baracken und Armeleutequartieren bildet. In ein und derselben Straße hausen Millionäre und Proletarier, stehen uralte niedrige Häuser mit Gärten und protzige fünfstöckige Talmipaläste mit Lift und Dampfheizung, Palais aus dem siebzehnten Jahrhundert und abscheulich moderne Miethäuser mit ein- und zweizimmerigen Wohnungen für kleine Leute.

In dieser Beziehung repräsentiert die Melchiorgasse die ganze Stadt. In ihr leben Markthelfer und Gemüsehändler, die um zwei Uhr morgens mit ihren Karren alte Häuser, hinter denen endlose Höfe mit Stallungen sich befinden, verlassen, um auf den Markt zu fahren, in ihr rollen fürstliche Automobile vor die hohen geschlossenen Portale feudaler, wenn auch von außen unscheinbarer Paläste, es gibt da Zinshäuser aus der Gründerzeit und moderne Bureaugebäude, die keine Wohnungen enthalten.

Genau gegenüber dem Haus Nummer 55, in dem sich der noch immer unaufgeklärte Mord ereignete, stoßen drei Häuser aneinander, die drei Welten verkörpern. Ein kleines, ebenerdiges Haus mit winzigen Fenstern, in die man, wenn sie nicht immer verschlossen wären, bequem von der Straße aus einsteigen könnte, und nebenan ein vierstöckiges Haus, das erbarmungslose Habgier und Profitwut erbaut haben. In jedem Stockwerk sind acht Wohnungen mit einem gemeinsamen Abort und einem Wasserauslauf auf dem Korridor. Jede Wohnung besteht nur aus einer finsteren Küche und einer anstoßenden Kammer. Und Küche wie Kammer sind mit Menschen gefüllt, die in alten, wackeligen Betten aus braunem Tannenholz, auf Strohsäcken und halb demolierten Diwans schlafen. Das sind die Häuser, die dem Hausherrn im Frieden bis zu fünfzehn Prozent des angelegten Kapitals trugen, mehr als doppelt soviel also wie die Häuser, die für die Wohlhabenden bestehen.

Das andere, das kleine Häuschen, bietet, wenn man den Toreingang passiert hat, Überraschungen. Man kommt in einen großen, rechteckigen Hof mit einem alten, nicht mehr in Betrieb befindlichen Ziehbrunnen und einem Kastanienbaum. Links und rechts ist der Hof von Türen und Fenstern flankiert, die in kleine, aber nicht unbehaglich erscheinende Wohnungen führen. Und verläßt man den Hof nach rückwärts durch ein zweites Tor, so kommt man wieder in einen Hof, und von diesem in einen dritten. Überall Wohnungen, Werkstätten, Ställe, feuchte Wäsche zum Trocknen aufgehängt, Geranien und Levkojen in zerbrochenen Töpfen vor den Fenstern, Lärm, Hämmern, Musik aus heiseren Grammophonen, Kinderweinen, Zanken, mitunter ein gellender Aufschrei, das Dröhnen dumpfer Schläge, rauhes Lachen, ein sentimentales Lied mit obszönem Kehrreim.

Eine kleine Stadt für sich, ein ganzes Viertel der Armut und sozialen Zurückgebliebenheit.

Das vierstöckige Haus mit den erbärmlichen Wohnungen trägt die Nummer 54, das kleine mit den vielen Höfen 56, und neben diesem liegt das Haus Nummer 58, das wieder einen anderen Typus repräsentiert. Es stammt aus den sechziger Jahren des neunzehnten Jahrhunderts, einer Zeit also, da noch recht solid gebaut wurde, die Zimmer groß, hoch, die Küchen geräumig, die Kachelöfen breit und behaglich waren. So dick und massiv waren damals die Mauern, daß diese Häuser die Entwicklung der Gasbeleuchtung nicht hatten mitmachen können, da es kaum möglich gewesen wäre, die Rohre einzuziehen. Erst kurz vor dem Krieg hatte der Hausherr, der einer alten Wiener Familie angehörte und ein wenig Herz für seine Parteien besaß, elektrisches Licht einführen lassen.

Jedes der drei Stockwerke beherbergte nur drei Wohnungen mit je drei Zimmern, von denen eines sehr groß war, einer geräumigen Küche mit einer anstoßenden Kammer für das Dienstmädchen, einer in das Vorzimmer einmündenden Speisekammer und einem unverhältnismäßig großen Toilettenraum. Die Namen auf den Türschildern bewiesen, daß die neue Zeit hier noch nicht ihren Einzug gehalten hatte. Ein Generalmajor a. D., ein Hofrat aus dem Verkehrsministerium, ein pensionierter Sektionsrat, ein Privatgelehrter und ein aktiver Universitätsprofessor – das waren die ersichtlich soliden Bewohner eines Hauses, das bescheidenen Wohlstand auszuatmen schien. Die bittere Armut, die hinter den starken Mauern herrschte, die hoffnungslose Verzweiflung über eine Zeitentwicklung, der man nicht gewachsen war, kannte nur der Eingeweihte, in erster Linie der alte Hausmeister und dessen redselige brave Frau, die beide mit Schrecken miterlebt hatten, wie ihre »Herrschaften« in einem Zeitraum von nicht einmal zehn Jahren in abgrundtiefes Elend geraten waren. Und immer wenn der Althändler wieder aus irgendeiner Wohnung einen Perserteppich, eine köstliche Biedermeiergarnitur, eine seltsame Standuhr, ein Gemälde oder gar eine Kiste mit Büchern fortschleppte, seufzte der Hausmeister tief auf, stieß den braunen Daumen in den Pfeifenkopf und sagte zu seiner Frau:

»Du, Alte, der Hunger geht um im Haus.«

Im letzten, dem dritten Stockwerk, betrat abends ein junges schlankes Mädchen die Wohnung, deren Türschild den Namen Alois von Rumfort, k.k. Regierungsrat, trug. Das »von« war allerdings durchgestrichen, ebenso das »k. k.«, und dem Regierungsrat war mit Tinte ein a. D. hinzugefügt. Aber auch das stimmte nicht, denn der Regierungsrat Alois Rumfort war schon vor einem Jahr gestorben.

Es war ein abscheulicher, naßkalter Herbsttag, die weichen, großen Schneeflocken verwandelten sich, bevor sie noch den Erdboden erreichen konnten, in Wasser, und das junge Mädchen triefte von Nässe. Obwohl es sich die Schuhe auf dem zerrissenen Fußteppich vor der Wohnungstüre abgestreift hatte, verbreitete es im Vorzimmer und dann im Wohnzimmer, in dem sämtliche Familienmitglieder versammelt waren, feuchte Flecken auf dem Fußboden.

Vier Augenpaare wandten sich erwartungsvoll gespannt dem jungen Mädchen zu, als es mit einem müden, leisen »Guten Abend« das Zimmer betrat. Am ungeheizten Ofen lehnte ein alter großer Herr mit schlohweißem Haar, buschigen Augenbrauen und roten Backen, bei dem runden Tisch saß eine blasse Frau in mittleren Jahren mit vergrämten Zügen und leicht geröteten Augen über eine Flickarbeit gebeugt, während ein Knabe von elf Jahren und ein Mädchen von dreizehn Jahren mit Schulaufgaben beschäftigt waren. Und diese vier Personen sahen bange auf, als Grete das Zimmer betrat.

Grete kam den Fragen voraus. Während sie die nasse schwarze Jacke und den ärmlichen, zerdrückten, von Wasser triefenden Hut ablegte, sagte sie lächelnd:

»Gott sei Dank, ich habe eine Monatsgage als Vorschuß bekommen. Sechshunderttausend, sie werden mir in Raten von hunderttausend monatlich abgezogen.« Und mit einem Seufzer: »Leicht war es nicht! Ein gemeiner Mensch ist der Herr Wöß!«

Aus einem abgerissenen schwarzen Ledertascherl zog Grete die sechs Banknoten, legte vier von ihnen auf den Tisch und sagte zögernd:

»Ich werde jetzt was Ordentliches zum Nachtmahl einkaufen und auch Brennholz mitbringen, man friert sich ja hier im Zimmer die Seele aus dem Leib. Zur Frau Greifer nebenan werde ich auch gehen und ihr die Fünfzigtausend geben, die ich ihr noch schuldig bin.«

Frau Rumfort war aufgestanden, streichelte der Tochter die blassen Wangen, wischte die Tränen aus den Augen und flüsterte weinerlich:

»Mein armes Kind, alles lastet auf dir! Wenn der arme Papa noch leben würde, wäre es anders. Bring recht viel Brot, Gretl, die Kinder haben so viel Hunger. Hat der Herr Wöß sich lange gespreizt, bevor er den Vorschuß bewilligt hat?«

»Frag nicht, Mama! Ich will lieber gar nicht daran denken, das alles ist ja so ekelhaft. Also, ich werde gleich drei Laib Brot bringen.«

Auch der alte Herr war auf sie zugegangen.

»Grete«, sagte er in dröhnendem Baß, »es wird nicht lange dauern, und alle Not hat ein Ende. Wenn die Monarchie erst wiederhergestellt sein und Kaiser Otto, umgeben von den Erzherzoginnen und Erzherzogen, seinen Einzug in Wien halten wird, dann werde ich vor den kaiserlichen Knaben hintreten und ihm sagen: Majestät, hier steht vor Ihnen ein Greis, ein ehemaliger General, der für Kaiser und Reich bei Custoza und Königgrätz gekämpft und geblutet hat.«

»Schon recht, Großpapa, aber bis dahin hat es noch seine guten Wege, und bevor wir die Monarchie wieder haben, können wir alle zusammen verhungert sein.«

Der alte Herr Rumfort, der es nur bis zum Oberst gebracht hatte, als Generalmajor in Pension gegangen war, aber keinerlei Ruhegenüsse bezog, weil er sie vor vielen Jahren Gläubigern bis zum Lebensende hatte verpfänden müssen, ging in das Schlafzimmer, das er mit dem Knaben bewohnte, um in Erwartung eines außergewöhnlichen Abendessens den zerfetzten Schlafrock mit einem uralten wattierten Offiziersmantel zu vertauschen. Frau Rumfort versuchte mit ein paar restlichen Holzspänen und viel Papier ein Feuer im Küchenherd zu entfachen, um das Wasser für die Würstel, die Grete mitbringen wollte, zum Sieden zu bringen; die beiden Kinder blieben allein im Wohnzimmer zurück.

Else, ein überschlankes, immer hüstelndes Mädchen mit großen wissenden Augen, stieß den kleineren Bruder an.

»Du, Erich, ich weiß schon, warum die Grete nicht hat sagen wollen, ob ihr ihr Chef, der Herr Wöß, gerne das Geld gegeben hat. Sicher war er zudringlich und hat sie küssen wollen. Weißt du, im Vierundfünfzigerhaus, da wohnt so ein Kerl, ein Slowak ist er, glaub ich, der lauert mir immer auf und schenkt mir Schokolade. Neulich hat er einen Zehntausender zusammengefaltet und mir beim Hals ins Kleid geschoben und gesagt, wenn er ihn selbst suchen dürfe, werde er noch Zehntausend dazugeben. Aber ich hab nicht wollen und ihm die Zehntausend zurückgegeben. Ich glaub, das war schön dumm von mir! Das nächste Mal laß ich ihn suchen und kauf uns beiden was Gutes. Aber den Mund mußt du halten, hörst du, Erich?«

Erich nickte. »Ich werd schon nichts verraten, aber vielleicht ist's besser, wenn du's zuerst der Grete sagst!«

»Dummer Bub, sie tät es mir ja doch verbieten! Na, ich werde es mir noch überlegen! Wenn der Slowak nicht so grauslich wär – beim Sohn vom Hofrat in unserem Hause, weißt, der hübsche junge Student, bei dem wär's schon was anderes. Aber der schaut mich gar nicht an.«

Während so das dreizehnjährige Mädchen ihre noch kindhaften und doch im Unterbewußtsein lasterhaften Gedanken entwickelte, besorgte Grete die Einkäufe. Zweieinhalb Paar Würstel, fünf Kilo Kartoffeln, drei Laib Brot, Margarine, ein halbes Kilo Zucker, dann, als besonderen Leckerbissen, der ordentlich sättigen sollte, zwanzig Deka Käse, noch ein paar Kleinigkeiten, und hunderttausend Kronen waren weg. Im benachbarten Kohlenkeller kaufte das Mädchen, dessen Wangen jetzt vor Eifer gerötet waren, Brennmaterial, das sofort zusammengestellt werden sollte, und dann begab sie sich in das Haus Nummer 56 mit den vielen Höfen, um die Schneiderin, Frau Greifer, aufzusuchen, der sie für allerlei kleine Arbeiten fünfzigtausend Kronen schuldete.

Grete schüttelte sich, brrr, wie widerwärtig war dieser Herr Wöß, ihr Chef, gewesen. Herr Wöß besaß ein sogenanntes Realitätengeschäft, und Grete war in seinem Bureau als Stenotypistin angestellt. Mit dem Hungergehalt von sechshunderttausend Kronen im Monat. Wofür sie nicht nur acht Stunden am Tag arbeiten, sondern sich auch noch die zärtlichen Annäherungen des Herrn Wöß gefallen lassen mußte. Herr

Wöß, der es auf seltsamen Wegen mit mehrfachen Ruhepunkten im Landesgericht vom Markthelfer zum reichen Mann gebracht hatte, trug ein Ohrringel, war zaundürr, in dem finnigen Gesicht thronte eine rote Trinkernase, und dem breiten, gemeinen Mund mit den goldenen Zähnen entströmte ein furchtbarer Gestank, der, wenn sich Herr Wöß dicht neben Grete stellte, sie zur Verzweiflung trieb. Und er stand fast immer neben ihr, versuchte immer wieder den schlanken schönen Mädchenleib mit seinen breiten, platten, ungepflegten Fingern zu betasten, lachte nur zynisch und kichernd auf, wenn das Mädchen ihn mit dem Ellbogen von sich stieß.

Heute hatte Grete zu ihm in sein »Privatkontor« gehen und ihn um Vorschuß bitten müssen. Worauf Herr Wöß sie mit einem Ruck auf seine Knie gezogen, ihr einen Kuß auf die Wange gedrückt und erklärt hatte, er würde ihr das Gehalt aufbessern und eine Million Vorschuß geben, wenn sie nett zu ihm sein wollte.

»Sein Sie nicht dumm, Fräulein Gretl«, hatte er keuchend gesagt, »ob ich der erste bin oder ein anderer, ist doch ganz egal, und wenn Sie mein Schatzerl sein wer'n, dann können Sie in Samt und Seide gehen und haben ausgesorgt.«

Mehr angeekelt als entrüstet hatte sich Grete freigemacht und den Mut aufgebracht, ihm zu sagen, sie müsse sofort den Posten verlassen, wenn er ihr nicht ohne solche abscheulichen Bedingungen den Vorschuß geben würde. Worauf sie wirklich das Geld bekam. Grinsend hatte ihr Wöß die Banknoten hergezählt.

»Sie kommen schon noch in meine Gassen! Nur daß ich dann nicht mehr der erste sein werd. Wird dann halt billiger sein, das Vergnügen!«

Grete betrat nun das Haus Nummer 56 und mußte zwei Höfe überqueren, bevor sie in den Hof Nummer drei kam, dessen linke langgestreckte Flanke Frau Greifer als Schneideratelier bewohnte.

»Wenn Papa noch leben würde!« Wie ein Refrain gingen ihr die ewig wiederkehrenden Worte ihrer Mutter durch den Kopf. Ja, wenn Papa noch leben würde, dann wäre wohl alles anders. Aber Papa hatte sie verlassen, war feige desertiert.

Regierungsrat Rumfort hatte sich vor anderthalb Jahren gegen einmalige Abfindung freiwillig abbauen lassen. Und, der Mode des Tages folgend, die Millionen sofort zu einem Bankier getragen, um sie an der Börse zu verdoppeln, verdreifachen, Milliardär zu werden. Ein paar Monate war auch alles wunderbar gegangen, man hatte in Saus und Braus gelebt, bis eines Tages, nach einem kleinen Börsenkrach, Herr Rumfort kein Geld, keine Effekten, keine Stellung und keine Pension besaß und in einem Anfall von Verzweiflung sich eine Kugel durch den Kopf jagte.

Grete schauderte zusammen. Von diesem Tag an war das Elend über sie alle hereingebrochen. Schon für das Leichenbegräbnis mußten Schmucksachen verkauft werden, sie konnte nicht länger das Gymnasium besuchen, mußte rasch einen Handelskurs absolvieren, dann begann die Jagd um einen Posten, bis sie bei Herrn Wöß unterkam. Und nun lebten fünf Menschen von ihrem elenden Gehalt und von dem Erlös der schönen Möbel, Teppiche, Vasen, Nippessachen, die die Wohnung so traulich und lieb gemacht hatten.

Jetzt aber, seit dem Herbst, ging es überhaupt nicht mehr, begann der Hunger ständiger Gast zu sein, lag die Zukunft dunkel, drohend, gespensterhaft vor Grete, die mit ihren siebzehn Jahren Familienerhalter und der einzige klare Kopf im Hause war.

Die gute Frau Greifer

Als Grete den dunklen niedrigen Hausflur betrat, von dem aus eine Türe zu Frau Greifer führte, kamen ihr zwei junge, elegant gekleidete, grell geschminkte Mädchen entgegen, die sich von der Schneiderin eben verabschiedet hatten. Frau Greifer rief ihnen noch nach, sie mögen ja vor zehn Uhr kommen, dann erblickte sie Grete und ließ sie eintreten. Das Zimmer, das man vom Korridor betrat, entsprach ganz den Vorstellungen von einer vorstädtischen Schneiderwerkstätte. Ein großer gehobelter Tisch, zwei Nähmaschinen, eine wackelige Kleiderpuppe, Schnittmuster und Modejournale auf dem Tisch und einer Stellage.

Frau Greifers dicker, kurzer Leib quoll fast aus dem geblümten Schlafrock heraus, das rosige verfettete Gesicht der etwa vierzigjährigen Frau schien vier Etagen zu besitzen, die aus der niedrigen Stirne, der Partie bis zum Mund, in der eine winzige Nase wie ein Korkpfropfen saß, dem runden Kinn und dem wabbeligen Doppelkinn bestanden. Die fleischigen, kurzen Finger waren mit Ringen bedeckt, die grauen, im Fett versunkenen Augen flackerten scharf und unruhig hin und her, im ersten Augenblick konnte man Frau Greifer für ein harmloses, molliges Wiener Weiberl halten, bei näherer Betrachtung schwand dieser günstige Eindruck, verbreitete die kugelrunde Dame eine Atmosphäre von Gemeinheit und dunkler Vergangenheit.

Man munkelte in dem Haus mit den drei Höfen und der Nachbarschaft allerlei über Frau Greifer, erzählte von nächtlichen Gelagen, bei denen es hoch hergehen sollte, wußte aber nichts Genaues. Konnte auch nichts wissen, da die Chronik der Wiener Häuser, die Hausmeistersleute, nichts berichtete. Ob es wahr war, daß der Hausbesorger und seine Frau für ihre Diskretion ganz erhebliche Summen erhielten, ließ sich nicht kontrollieren. Sehr zustatten mußte der Frau Greifer die Lage ihrer Wohnung kommen.

Es war die einzige Wohnung im dritten Hof, ihr gegenüber lag nur eine elektrotechnische Werkstatt, die abends um fünf Uhr geschlossen wurde. Und außerdem führte das letzte der sechs Zimmer, aus denen die Wohnung bestand, in einen kleinen Laden, der tagsüber von einem wenig in Anspruch genommenen Dienstvermittlungsbureau okkupiert war. Daß die Inhaberin dieses Vermittlungsbureaus, ein kleines, buckliges Frauenzimmer, die Nichte der Greifer war und bei ihr wohnte, konnte man als besonders günstigen Umstand bewerten. Der Laden ging aber nicht in die Melchiorgasse hinaus, sondern führte in ein die Melchiorgasse schneidendes Sackgäßchen, und sein Gegenüber bildete eine Feuermauer. Die Situation gestaltete sich also dermaßen, daß man die umfangreiche Wohnung der Schneiderin sowohl vom Hof drei des Hauses Melchiorgasse 56 als auch von dem kleinen Laden in dem Quergäßchen betreten konnte.

Frau Greifer begrüßte Grete Rumfort überaus herzlich.

»Jessas, Fräulein von Rumfort, daß Sie sich auch einmal wieder blikken lassen!« Und mit einem schätzenden, entkleidenden Kennerblick:

»Schön sind Sie geworden, Fräulein, ordentlich eine Bohthö! Das feine Gesichterl und die Figur, akkurat wie eine Prinzessin! Und die Fußerln! Die Männer müssen ja urdentlich narrisch wer'n, wann's hinter Ihnern hergehen. In der ganzen Melchiorgassen gibt's so was Feines und Schönes nit mehr! Wer mehr halt ein schönes Winterkostüm für das Freiln machen, was?«

Grete wehrte errötend ab.

»Dazu habe ich kein Geld, Frau Greifer. Ich bin nur gekommen, um Ihnen die fünfzigtausend Kronen zurückzugeben, die ich Ihnen noch vom Vorjahr, als Sie uns die Trauersachen gemacht haben, schuldig bin.«

»Aber, Fräulein Grete, hab ich Sie gemahnt? Reden wir nicht von den paar lumpigen Kronen. Und von wegen kein Geld haben: Sie können mir zahlen, wann Sie wollen. Eine Dame, die was so aussieht wie Sie, die braucht sich um Geld nicht zu sorgen. In dem Fahnderl können S' ja gar net mehr umanandergeh'n.«

Grete nickte traurig.

»Da haben Sie schon recht, Frau Greifer, aber es ist nicht möglich, ich muß ja von dem Hungerlohn, den ich bekomme, die Mutter, den Großvater und die zwei Geschwister erhalten. Ich weiß ohnedies nicht mehr, wie das weitergehen soll.«

Eine grenzenlose Müdigkeit und Widerstandslosigkeit überfiel Grete plötzlich, sie begann bitterlich zu weinen, und stoßweise kam aus ihr heraus, was sie bedrückte und quälte.

Frau Greifer war ganz Mitleid, ehrliches Mitleid sogar. Sie streichelte die feinen, schmalen Hände des Mädchens und bat mütterlich-zärtlich:

»Net weinen, Freiln, verderben S' sich die blauen Guckerln net! So ein schönes junges Mädel wie Sie darf nur net dumm sein, dann wird S' schon noch das große Los ziehen. Und jetzt werde ich die Henriette rufen, daß sie die Muster bringt und Maß nimmt und wegen dem Geld brauchen S' Ihnern keine Sorgen net zu machen.«

Grete trocknete die Tränen. Die Sehnsucht nach einem neuen Kleid überkam sie mit einer Heftigkeit, die alle Bedenken fortriß. Lebensmut überströmte sie, und wie von weiter Ferne summten ihr die Worte »nur net dumm sein«, diese lockenden, verführerischen Worte, die ihr Männer und Frauen täglich zuflüsterten, in den Ohren.

Groß, stattlich, vollbusig stand die eigentliche Leiterin des Schneiderateliers, Fräulein Henriette, die ebenfalls zu den Wohnungsinsassen gehörte, im Zimmer. Halb spöttisch, halb bewundernd musterte sie das schöne, gertenschlanke blonde Mädchen und erklärte dann dezidiert:

»Ich habe hier einen dunkelgrünen Velour, dazu lichtgraue Persianerverbrämung, das wird dem Fräulein am besten stehen. Aber das Fräulein kann diesen Hut unmöglich dazu tragen. Ich werde einen passenden besorgen.«

Frau Greifer nickte eifrig.

»Und graue seidene Strumpferln und Wildlederhandschuhe und das Freiln wird wie eine Prinzessin aussehen. Jessas, die Schuh', die das gnä' Freiln anhat! Henriette, schau' nur einmal! Nein, so was, daß so eine schöne junge Dame in so was herumgeht! Freiln von Rumfort, bitt schön, gehen S' nur gleich ins Vierundfünfzigerhaus hinüber zum Wisloschill und sagen S' ihm, er soll Ihnen auf meine Rechnung ein oder zwei Paar feine moderne Halbschuh' machen!«

Besinnung und Bedenken brausten in Gretes Hirn auf.

»Um Himmels willen, Frau Greifer, ich werde Ihnen das ja nie zahlen können! Was fällt denn Ihnen ein? Und ich weiß gar nicht, was das alles kosten soll!«

»Tschapperl, machen S' Ihnern nur keine Sorgen! Nur net dumm sein, nachher werd' i schon auf meine Rechnung kommen, und Sie, Freiln Grete, werden Ihnern so viel Kleider machen lassen, wie Sie nur wollen. Schauen S' her, da hab ich als Kundin eine Dame, die was jeden Monat ein Kleid bei mir machen läßt. Und sie fragt nie nach dem Preis und das Teuerste ist ihr noch zu billig. Und gestern hat ihr der Herr Direktor, von dem, was sie die Freundin ist, einen echten Biberpelz für hundert Millionen geschenkt. Und wissen S', wer das Madel noch vor zwei Jahr' war? An armes Hascherl, die Tochter von an Laternenanzünder! In Lerchenfeld war sie Laufmadel bei einer Modistin. Durch die hab ich sie kenneng'lernt, na und heut fahrt sie nur mehr im Automobil und sagt immer: Frau Greifer, sagt sie, Ihner allein verdank ich mein großes Glück. Gott wird es Ihnen noch lohnen.«

Grete hatte aufmerksam zugehört, und ein Frösteln ging durch ihre Seele. Aber sie bäumte sich nicht mehr auf, ließ Fräulein Henriette Maß nehmen, sah sich im grünen Velourkostüm mit Persianer verbrämt, fühlte, wie sie weit zurückgelehnt im eigenen Auto saß, und in den Ohren summte es ihr tausendfach: Nur nicht dumm sein, nur nicht dumm sein!

Mit fieberheißen Wangen eilte Grete in ihre Wohnung, übergab die Einkäufe der Mutter, die über ihr langes Ausbleiben lamentierte, rief ihr hastig zu, daß sie noch eine kleine Besorgung habe und gleich zurück sein werde, und suchte dann in dem Proletarierhaus Nummer 54 den Schuster Wisloschill auf, der dort im Hochparterre Werkstatt und Wohnkammer hatte.

Es war ja wahr, mit diesen geflickten, besohlten, ausgetretenen unmodernen Schuhen, in die das Wasser von allen Seiten lief, konnte sie nicht länger gehen! Besonders nicht, wenn sie von Frau Greifer das dunkelgrüne Velourkostüm mit dem grauen Persianer und die Seidenstrümpfe bekam. Wie eine Prinzessin würde sie aussehen! Jawohl, Frau Greifer hatte es gesagt, und die kannte sich aus. Was das wohl kosten würde? Eine Million oder gar zwei oder drei? Aber daran wollte sie jetzt nicht denken, endlich einmal eine Dame sein, wie die anderen, an denen sie mittags am Graben vorbeiging, wenn sie nach Hause zu Rüben und Kraut eilte. Und war sie nicht tausendmal schöner als diese in Pelz und Seide gehüllten Damen? Konnte sich auch nur eine von ihnen mit ihr an Schönheit und Jugend messen?

Nein, nein, nein, sie wollte nicht länger dumm sein, wollte ihren Anteil am Leben haben, wollte nicht mehr mit ansehen, wie die Mutter sich zu Tode grämte, die Geschwister vor Hunger weinten und kaum noch trockenes Brot hatten!

Aber wie denn? Verkaufen würde sie sich nicht, um keinen Preis. Vielleicht an so einen Kerl, der so widerwärtig war wie dieser Wöß? Brrr! Aber waren denn alle reichen Männer abscheulich? Es gab doch junge, kluge, schlanke, gebildete, elegante unter ihnen, und wenn ein solcher sie erst liebte, dann würde er sie doch natürlich auch heiraten. Warum denn auch nicht? Sie war doch schön und jung, aus guter, ja sogar aus aristokratischer Familie und hatte fünf Gymnasialklassen mit Vorzug absolviert. Daß sie arm, bettelarm war – was konnte sie dafür? Und der reiche feine Mann mit dem Automobil würde sie gerade deshalb noch mehr schätzen und lieben. Er würde ja der erste sein, der, für den sie sich aufgespart hatte, ihre Mädchensehnsucht zurückgedrängt, gehungert und gefroren hatte. Ja, so würde es werden! Nur nicht dumm sein, nur nicht dumm sein!

Die Erlebnisse eines Lehrbuben

Im Haus Nummer 54, das nun Grete betrat, herrschte einige Aufregung. Eine abgehärmte, magere Frau stand unter dem Haustor und weinte bitterlich, andere Frauen versuchten sie zu beruhigen, ein angeheiterter Mann schrie immerfort lallend: »Ah, machen S' Ihnen nix draus, Frau Huber, in Sibirien da weinen die Weiber, wann die Männer sie net prügeln tun. Weil s' glauben, daß sie ihner nachher net lieben.«

Neugierig fragte Grete, was geschehen sei.

»Ihr Mann hat sie blutig geschlagen, der gemeine Kerl, der!«

»Sein halt alle roh und brutal«, versicherte eine ältere Frau. »Ui je, wenn meinem Seligen was net recht g'wesen is, gleich hat er mit der Faust dreing'schlagen!«

Eine junge hübsche Frau, die in ihrer Pelzjacke geradezu elegant aussah, schüttelte den Kopf.

»Da seh ich erst, was ich für einen guten Mann hab! Vier Jahre sind wir jetzt verheiratet, und noch kein böses Wort hat er mir gegeben. Den ganzen Tag arbeitet und schuftet er, damit ich alles hab, am liebsten möchte er mich von oben bis unten mit Samt und Seide behängen. Seitdem das Kind da ist, hat er nur die einzige Sorge, eine größere Wohnung zu finden, damit wir aus dem Haus herauskommen und ein Dienstmädel halten können.«

»Ja, Frau Pollak, Sie haben's halt gut«, sagte die geprügelte Frau, die inzwischen die Tränen getrocknet hatte, »weil Sie einen Juden zum Mann haben. Rein beneiden könnt man Sie!«

»Jawohl«, echote die Alte, »alles, was wahr ist! Man kann über die Israeliten sagen, was man will, aber brave Ehemänner sind sie, und schlagen tut keiner seine Frau.«

»Nobel sein s'«, versicherte ein hübsches junges Ding mit Kohlenstrichen unter den Augen. »Mein Freund, mit dem was ich jetzt geh, is auch ein Jud, und morgen geh ich zu Gerngroß mit ihm, weil er mir ein neues Kleid kaufen will. Er hat selbst nicht viel, aber was er hat, teilt er mit mir.«

»Ausg'schamte Ludern seids alle zusammen«, schrie der Angeheiterte, »daß euch net graust von denern Saujuden! Derschlagen sollte man die jüdischen Gauner, die was uns das Geld wegschleppen und noch dazu unsere Töchter und Frauen entehren tun.«

Da der Meinungsaustausch jetzt sehr heftig wurde, zog es Grete vor, zu Meister Wisloschill zu gehen, um auf Rechnung der Frau Greifer zwei Paar Halbschuhe zu bestellen.

Auch in der Werkstatt des tschechischen Schusters, die gleichzeitig Küche und Wohnzimmer war, herrschte Aufregung, aber aus ganz anderen Gründen.

Der Lehrbub, ein aufgeweckter munterer Junge, war eben nach vierwöchiger Abwesenheit nach Wien zurückgekommen. Er war an einem Lungenspitzenkatarrh erkrankt und zu seiner Ausheilung aufs Land zu seinen Eltern gefahren. Am Morgen nach der Entdeckung des Mordes im Hause 55 war er fortgefahren, so daß er erst jetzt, nach seiner Rückkehr, von der Bluttat Kenntnis erhalten hatte und nun einige Mitteilungen machte, die das Ehepaar Wisloschill in lebhafte Aufregung versetzten.

Als Grete eintrat und ihre Bestellung machte, rief der Meister den Lehrbuben heran.

»Franzl, das Freiln ist gebildet, hat sich Lateinschulen besucht, erzähl jetzt noch einmal genau, was du weißt.« Sich wichtig fühlend, berichtete Franz ausführlich über seine Beobachtungen.

Er hatte damals gegen sieben Uhr abends ein Paar Schuhe von einem Ingenieur, der im ersten Stock des Hauses 55 wohnte, holen müssen, weil eine geplatzte Naht im Oberleder sofort genäht werden sollte. Hinter ihm war ein großer Herr in das Haus gekommen, dessen eleganter, dunkelgrauer Raglan mit dem grauen Pelzkragen dem Knaben aufgefallen war. Der Herr hatte, wie Franz, der inzwischen im ersten Stock angelangt war, feststellen konnte, bei der Frau Merkel im Mezzanin selbst aufgesperrt.

Franz hatte bei dem Ingenieur einige Minuten warten müssen und befand sich gerade auf der Treppe vom ersten Stock ins Mezzanin, als eine in Pelz gehüllte und dicht verschleierte Dame in fieberhafter Eile vom Parterre hinaufeilte und vor der Türe der Frau Merkel stehenblieb. Neugierig war auch der Lehrbub stehengeblieben, und es war ihm aufgefallen, daß die feine Dame zweimal hintereinander läutete, um dann durch die sofort geöffnete Türe durchzuhuschen, wie jemand, der nicht gesehen werden will.

Franz wußte, daß die Frau Merkel ein Absteigequartier vermietete, und mochte sich wohl seine frühreifen Gedanken über den Besuch des Herrn und der Dame gemacht haben. Gegen neun Uhr war die Reparatur beendet, und der Lehrbub trug die Stiefel wieder hinüber. Gerade als er das Haus 54, in dem er wohnte, verließ, sah er, wie aus dem genau gegenüberliegenden Haus 55 der Herr im Raglan eilig herauskam. Der Herr sah sich nach allen Richtungen um, lief fast die Straße abwärts, um aber schon nach wenigen Schritten scheinbar unschlüssig stehenzubleiben und im Haustor des zweitnächsten Hauses Nummer 51 zu verschwinden.

Verdutzt war auch der Schusterbub stehengeblieben. Warum lief der Herr von einem Haus in das andere? Nummer 51 hatte gar keine Wohnungen, sondern war ein einstöckiges Gebäude, das ein Möbellager enthielt. Was also wollte der Herr in dem Haus, in dem nur ein Hausmeister rückwärts im Hof wohnte?

Aber schon war der Herr wieder auf der Straße und rannte abermals stadtwärts. Nur einmal noch blieb er stehen, bevor er in der Dunkelheit verschwand, und zwar gerade unter einer Gaslaterne, die ihn scharf beleuchtete. Und nun sah der Junge mit seinen guten Augen, daß der elegante Herr, der vorhin, um sieben Uhr, ganz sicher einen schwarzen Spitzbart besessen und einen Zwicker getragen, Bart und Zwicker nicht mehr hatte. Er war jetzt glattrasiert!

Franz, dessen Phantasie von Kinodramen und Schundromanen reichlich genährt war, dachte sofort an ein geheimnisvolles Verbrechen, hatte aber keine Gelegenheit mehr, seine Beobachtungen dem Meister oder der Meisterin mitzuteilen, da beide schon schlafen gegangen waren. Am nächsten Morgen mußte er zeitig aufstehen, um seinen Zug nach Aspang zu erreichen, und der ganze Vorfall wäre seinem Gedächtnis entschwunden, wenn er nicht jetzt, nach seiner Rückkehr, von dem furchtbaren, noch immer unaufgeklärten Mord an der schönen reichen Frau Dr. Lia Leid erfahren hätte.

Interessiert hatte Grete den Buben ausreden lassen, dann gab sie dem Meister den Rat, am andern Tag mit Franz auf das Polizeikommissariat zu gehen.

Frau Wisloschill, eine recht feine Frau, die sich als Stubenmädchen in reichen Häusern gute Umgangsformen und einige Bildung angeeignet hatte, stellte, während ihr Mann dem schönen Mädchen Maß nahm, philosophische Betrachtungen an.

»Eine Schande ist es, daß so eine noble Frau, der der Mann das Paradies auf Erden bereitet, mit irgendeinem Kerl, den sie vielleicht nicht einmal ordentlich kennt, in ein Absteigequartier geht. Recht ist ihr geschehen, allen Frauen, die ihre Männer betrügen, sollte es so gehen!«

»Vielleicht hat sie ihn sehr geliebt«, meinte Grete nachdenklich.

»Ach was, geliebt! Wenn man einen ordentlichen Mann hat, der einen auf den Händen trägt, so hat man keinen anderen zu lieben! Aber ich weiß es ja, alle diese reichen Frauen haben einen Liebhaber, es gehört bei ihnen ordentlich zum guten Ton, einen zu haben, und wenn eine brav ist, wird sie ausgelacht. Ich habe zwanzig Jahre in den feinsten Häusern gedient – also ich weiß genau, wie es da zugeht. Mit eigenen Ohren habe ich einmal gehört, wie meine Gnädige einer jungen Frau gesagt hat: ›Sie sind nervös, weil Sie kein Verhältnis haben! Schaffen Sie sich nur rasch einen Freund an, dann wird Ihnen das Leben gleich viel heiterer vorkommen!‹ Einem armen Mädel nimmt man es übel, wenn es, weil es arm ist und auch etwas vom Leben haben will, sich verkauft, und die reichen Frauen schmeißen sich rein zum Zeitvertreib an den erstbesten Kerl, der gut tanzen kann, weg.«

Herr Wisloschill war fertig, und Grete sagte ein wenig verlegen, daß die Rechnung an Frau Greifer geschickt werden möge. Über das Gesicht des Schusters zuckte ein Lächeln, während Frau Wisloschill überrascht aufblickte.

»Kennt das Fräulein die Frau Greifer schon lange?«

»Ich kenne sie gar nicht«, erwiderte Grete, während ihr die Röte ins Gesicht schoß, »als der Vater starb, hat sie uns die Trauerkleider zurechtgemacht, das ist alles.«

Frau Wisloschill wechselte einen Blick mit ihrem Gatten und sagte dann zögernd:

»Ich will gegen die Frau Greifer nichts sagen, sie ist unsere beste Kundschaft – immer schickt sie uns Damen –, aber ich meine nur, weil Sie doch so ein feines junges Mädchen aus gutem Haus sein – ich würde mich an Ihrer Stelle mit der Frau Greifer auf nichts einlassen. Man redet halt so allerlei – und ein schönes junges Mädel wie Sie kommt doppelt so schnell ins Unglück wie eine andere.«

Wisloschill unterbrach sie grob.

»Red'st wieder Unsinn, Frau! Freiln braucht Schucherln, siehst es ja eh. Soll sie sich lieber zu Tode rackern und Lungensucht kriegen von schlechter Kost? Wenn Freiln Rumfort is sich g'scheit, so wird sie scho wissen, was zu tun. Nur net dumm sein, gnä' Freiln, dann haben Sie alle Mannsbilder am Wickel!«

Frau Wisloschill sagte nichts mehr, und Grete ging verwirrt, wie betäubt nach Hause, wo sie längst sehnlich erwartet wurde. In der Nacht aber träumte sie, daß sie in einem herrlichen Pelzmantel an der Seite eines schönen großen Mannes mit guten freundlichen Augen saß. Der Mann wollte sie an sich ziehen und küssen, sie widerstrebte sanft, da drehte sich der Chauffeur, der die Gesichtszüge der Frau Greifer trug, um und rief ihr höhnisch zu: Nur nicht dumm sein, nur nicht dumm sein!

Um sieben Uhr wurde sie von der rasselnden Weckuhr aus dem Schlaf gescheucht, zog sich frierend in dem ungeheizten Zimmer an, schlürfte eine Tasse widerlichen Malzkaffee herunter und eilte in ihrem schäbigen dünnen Fähnchen und den zerfetzten ausgetretenen Schuhen zu Fuß nach dem Hohen Markt ins Bureau, um für Herrn Wöß zu arbeiten.

Die Schreibmaschine klapperte hastig, und es war Grete, als würde sie den Takt zu den Worten »Sei nicht dumm, sei nicht dumm!« schlagen.

Das Tischtelephon

Der Redakteur des »Wiener Herold«, Otto Demel, ging in der Kanzlei des Rechtsanwaltes Doktor Heinrich Leid auf und ab, während dieser vor seinem Schreibtisch saß und düster vor sich hin stierte. Die weitläufigen Bureauräume befanden sich in einem Haus an der Ecke der Goldschmiedgasse und des Stephanplatzes, und wenn Demel beim Fenster stehen blieb, sah er den majestätischen Dom vor sich, den Graben mit seinem Menschen- und Wagengewimmel unter sich.

Demel war mehr als zehn Jahre jünger als Leid, trotzdem verband innige Freundschaft die beiden, die im ersten Kriegsjahr zwischen dem Landsturmhauptmann und dem jungen Reserveleutnant entstanden war.

Leid, der seit dem schrecklichen Tode seiner Frau um Jahre gealtert war, sprang nun auch auf und rang die Hände:

»Ich hab keine ruhige Minute, bevor die Bestie nicht in Ketten liegt, die Lia ermordet hat! Ich weiß, daß alle Männer mich auslachen würden, aber es ist nun einmal so: Ich liebe Lia noch im Tode, ich grolle ihr nicht, und wenn sie leben würde, könnte ich ihr nicht einmal einen Vorwurf machen. Sie war so jung und so schön und ich alt und müde! Hatte ich denn ein Recht auf ihre Treue? Mußte ich nicht glücklich sein, wenn ich in einer Wohnung mit ihr leben, mich an ihrer Jugend und Schönheit erfreuen, ihre kühle weiche Hand streicheln, in der Nacht ihren Atem neben mir fühlen durfte? Und zu denken, daß es einen Mann gibt, der sie genommen hat, ohne an ihre Schönheit zu denken, der nicht ihre Küsse wollte, sondern nur diese elenden Perlen und Steine und die paar schmutzigen Banknoten, die sie bei sich trug! Zu denken, daß diese Bestie unter uns weilt, daß ich vielleicht seinen Gruß erwidere, mit ihm spreche, seine Hand drücke – der Gedanke macht mich rasend!«

Der Journalist war von diesem Schmerzensausbruch des verzweifelten Freundes tief erschüttert.

»Leider ist wenig Aussicht, den Kerl zu erwischen. Ich habe erst gestern mit dem Schmitz darüber gesprochen. Der Horak arbeitet Tag und Nacht an dem Fall, aber er hat noch nichts Wesentliches herausbekommen. Allerdings, es liegen jetzt neuerdings die Aussagen eines Lehrbuben vor, der den Mann mit dem Spitzbart kommen und gehen gesehen hat. Er erzählt, daß der Mann mit dem Bart unter ein Haustor getreten sei, um es nach einem Augenblick ohne Bart wieder zu verlassen. Also steht fest, daß der Spitzbart des Mörders falsch war. Außerdem, daß er einen dunkelgrauen Überrock mit einem grauen Pelzkragen getragen hat. Aber solche Röcke sind jetzt sehr modern, ich habe einen und, wenn ich nicht irre, du auch, und wahrscheinlich noch einige Dutzend unserer Bekannten.«

Der Kanzleidiener brachte eine Visitenkarte.

Der Rechtsanwalt zog die Augenbrauen hoch, sah seinen Freund an und flüsterte:

»Josef Horak! Der Kriminalbeamte, vom dem du vorhin sprachst.« Und dann zu dem Diener: »Lassen Sie ihn herein und sorgen Sie dafür, daß wir nicht gestört werden.«

Der junge Beamte mit dem intelligenten, beweglichen Gesicht nahm, nachdem er auch den von ihm sehr verehrten Journalisten begrüßt hatte, Platz und erwiderte auf die hastige Frage, was er Neues bringe:

»Keine großen Neuigkeiten, nur Kombinationen und Möglichkeiten. Zunächst einmal: Die Zimmervermieterin Frau Merkel sowohl wie der Lehrling des Schusters Wisloschill behaupten, daß der Mann mit dem falschen Spitzbart Lackschuhe getragen habe. Frau Merkel spricht von Lackhalbschuhen, der Lehrling, der für solche Dinge geübte Augen hat, von Lackpumps. Also: zweifellos hatte er Frack oder Smoking an. Ferner: Es ist anzunehmen, daß er mit Ihrer Frau Gemahlin gesellschaftlich bekannt war. Er hat sich nach vollbrachter Tat um neun Uhr entfernt. Liegt da die Vermutung nicht nahe, daß auch er bei dem Herrn Generaldirektor Rosenow geladen war und sich direkt von der Melchiorgasse dorthin nach Pötzleinsdorf begeben hat?«

Die beiden Herren schwiegen betroffen. An diese Möglichkeit hatten sie wahrhaftig nicht gedacht. Der Mörder nach der Tat unter ihnen, Zeuge, wie der Gatte voll Qual und Unruhe auf seine Frau wartete, Zeuge, wie er unter der Schreckensnachricht zusammenbrach – teuflischeres Spiel konnte die wüsteste Phantasie nicht ausdenken!

»Ich habe mir eine Liste sämtlicher Herren beschafft, die damals bei Herrn Kommerzialrat Rosenow geladen waren. Vorläufig finde ich keinen, der auch nur im entferntesten des Mordes verdächtigt werden könnte. Mindestens zwanzig der Gäste sind mit Ihnen, Herr Doktor, also auch mit der Verstorbenen, bekannt gewesen. Der Zufall will es, daß unter diesen zwanzig neun große schlanke Herren sich befinden und alle in einwandfreier Stellung. Bitte, Herr Redakteur, auch Sie sind groß, schlank, haben einen Raglan mit Pelzkragen, gehören zu den gut Bekannten, sind nach neun Uhr bei Rosenow erschienen, und außerdem sind Sie Jungeselle, der, wie man sagt, schönen Frauen durchaus nicht abhold ist.«

Demel lachte, nicht gerade angenehm berührt, auf, während Leid das Gesicht zu einem gequälten Lächeln verzog.

»Aber nun, Herr Doktor, muß ich Sie um etwas bitten. Während wir das Absteigequartier der Frau Merkel zehnmal von oben bis unten durchsucht haben, ohne die geringste Spur zu finden, ist es dem Herrn Hofrat Schmitz bisher noch nicht eingefallen, in Ihrer Wohnung, die seit dem Ereignis versperrt ist, Haussuchung vorzunehmen. Ich halte das aber für sehr wichtig. Es ist leicht möglich, daß wir unter den Papieren der Verstorbenen irgendwelche Visitenkarten, Aufzeichnungen, Briefe oder dergleichen finden, aus denen hervorgeht, mit wem die Dame in der letzten Zeit intim verkehrt hat. Dürfte ich also Herrn Doktor bitten, sich vielleicht jetzt gleich mit mir nach dem Arenbergring zu begeben, damit ich mich umschauen kann?«

Der Rechtsanwalt wechselte mit Demel einen Blick. Da dieser lebhaft nickte, stand Leid auf und sagte, während er sich nervös über die Stirn fuhr:

»Sie haben ganz recht, es wird wohl notwendig sein. Ich habe die Wohnung seither nicht betreten, werde ohnedies Auftrag geben müssen, das Mobiliar nach einem Möbellager zu schaffen und die Wohnung dem Mietamt zu übergeben. Es wird schon das beste sein, wenn wir gleich gehen.«

»Darf ich mitgehen?« fragte Demel.

»Sicher, wenn der Herr Doktor nichts dagegen hat? Die Herren von der Presse haben ja überall Zutritt.«

Das Auto des Rechtsanwaltes stand unten bereit, und schweigend legten die drei Herren die Fahrt nach dem Arenbergring zurück. Im zweiten Stockwerk eines modernen Mietpalastes lag die große, mit Erker und Balkon versehene Wohnung, die nun seit Wochen zum erstenmal wieder betreten wurde. Das Dienstpersonal war unmittelbar nach dem Mord entlassen worden, die Jalousien und Vorhänge waren zugezogen, kalt, dunkel, düster lagen die schönen, mit distinguiertem Geschmack ausgestatteten Zimmer da, an deren Wänden kostbare Gemälde, seltene Stiche und Aquarelle hingen.

Dr. Leid, der am ganzen Körper zitterte und totenbleich war, öffnete die Tür zu dem Erkerzimmer und flüsterte gepreßt, als wollte er ein Schluchzen unterdrücken:

»Hier, das ist das Zimmer meiner Frau. In diesem Schreibtisch pflegte sie ihre Briefe aufzubewahren.«

Ein entzückender koketter Rokokosalon, jedes Stück aus der Zeit, ein echter Watteau, ein Fragonard an den Wänden, die mit Seidentapeten ausgeschlagen waren. In dem erhöhten Erker ein breiter, niedriger Diwan mit einem köstlichen alten Seidenteppich bedeckt. Neben ihm auf einem ganz niedrigen Ebenholztischchen das Tischtelephon.

»In der letzten Zeit hat Lia hier geschlafen.« Und mit einem bitteren Lächeln, nur für den Freund hörbar: »Sie erklärte, daß sie das gemeinsame Schlafzimmer nervös mache. Auch hatte sie hier den Apparat dicht neben sich, während das andere Telephon sich im Bibliothekzimmer befindet.«

Mit sachlicher Ruhe begann Horak den Inhalt des Schreibtisches zu untersuchen. In jedem Fach ein Durcheinander von Briefen, Lichtbildern, Visitenkarten, quittierten Rechnungen und Ansichtspostkarten aus aller Herren Länder. Leid und Demel ließen den Beamten bei seiner Arbeit allein und saßen unterdessen einander schweigend im Herrenzimmer gegenüber, dessen Wände von Bücherschränken ausgefüllt waren.

Der junge Polizeibeamte sortierte sorgfältig alle Papiere. Hier lagen getrocknete, verdorrte Rosen, da ein kleines Seidentuch, das ein intensives Parfüm ausströmte, Hunderte von Visitenkarten waren zwischen die Briefe und Rechnungen zerstreut.

Ein höhnisches Lächeln zog über das Gesicht des Detektivs, der trotz seiner Jugend seinem Beruf eine gehörige Dosis Skepsis verdankte. Friedlich nebeneinander lagen da zwei mit Seidenbändern zusammengehaltene Briefbündel: die leidenschaftlichen Ergüsse des Rechtsanwaltes an seine um zwanzig Jahre jüngere Braut und ihre kühleren, immerhin aber zärtlichen Erwiderungen. Nur einen las der Detektiv ganz durch, und dieser schloß mit den Worten:

»An Dir werde ich mich emporranken, treu und beharrlich, wie sich der Efeu um den starken Baum schlingt. Immer werde ich Dich lieben, und ich kann es mir gar nicht vorstellen, daß jemals ein anderer Mann für mich existieren sollte.«

Auf einem Notizblock schrieb der Beamte mehrere Namen auf, die Visitenkarten steckte er zu sich, dann war, nach reichlich einer Stunde, die Durchsicht des Schreibtisches ohne wesentliches Resultat beendigt.

Sinnend blieb Horak stehen und sah sich nochmals im Zimmer um.

Hier, auf diesem Diwan, hatte die schöne Frau auch tagsüber müßige Stunden verbracht, und wenn die Kissen reden könnten, würden sie wohl allerlei von sündhaften Gedanken erzählen können. Und wieviel diskrete Gespräche dieser kleine Telephonapparat aufgenommen und wiedergegeben haben mag!

Einer plötzlichen Eingebung folgend, schritt Horak auf den Apparat zu, beugte sich über ihn, betrachtete lange und eingehend die weiße Steinplatte, auf die man Telephonnummern und Adressen zu kritzeln pflegt. Wirr durcheinander liefen die Ziffern, einige waren verwischt, andere durchgestrichen, etliche wiederholten sich.

Horak pfiff vor sich hin, nahm ein Vergrößerungsglas aus der Tasche, musterte immer wieder die Zahlen und Ziffern.

Hier, diese Zahl war wohl die frischeste, stand zehnmal oder öfters, gedankenlos hingekritzelt, um das Warten zu überbrücken, auf der Platte. Und der Detektiv notierte diese Zahl und alle anderen, die er ablesen konnte.

Moderne Mädchen

Regina Rosenow, das einzige Kind des billionenreichen Generaldirektors der Mitteleuropäischen Kreditbank, hatte ihre Jourgäste um sich versammelt. Nicht etwa in dem elterlichen Palais in der Pötzleinsdorfer Allee, sondern bei Hopfner in der Kärntnerstraße. Dort hatte sie für jeden Mittwoch von fünf Uhr nachmittags an einen kleinen Saal gemietet, der mit den anstoßenden Séparées ihr und ihren Gästen zur Verfügung stand. Nicht alle ihre bekannten Herren hatten Zeit genug, nach der entlegenen Pötzleinsdorfer Allee zu kommen, außerdem fühlte sich die junge Dame hier ungenierter, sie mußte nicht die Hausfrau spielen, konnte es den Kellnern überlassen, nach dem Rechten zu sehen, und schließlich durfte man, wenn die Zeit vorgerückt war, sich auch mehr gehenlassen als zu Hause. Und dann die Séparées! Regina hatte volles Verständnis für alle Möglichkeiten, und dieses paarweise Verschwinden in den hübschen kleinen Zimmern, in denen neben dem Sektkübel das Sofa die hervorragendste Rolle spielte, erhöhte die gute Stimmung, verlieh den Jours der Regina Rosenow eine besonders pikante Note.

Abgesehen von allen diesen äußeren Vorteilen: Hier war Regina vor ihrer guten Mama sicher. Nicht daß Frau Rosenow ihrer Tochter irgend etwas in den Weg gelegt hätte. O nein, dazu imponierte der braven Frau aus Bielitz das Töchterchen allzusehr. Aber sie konnte es doch, trotz der heftigen Vorwürfe, die sie nachher von der Tochter bekam, nie unterlassen, in deren Appartements zu erscheinen, die anwesenden jungen Damen und Herren aufzufordern, ordentlich zu essen und beim Weggehen zu sagen: »Seid's nur recht brav, Kinderln!«

Das störte die Stimmung, und wenn auf solche altmütterliche Ergüsse die kleine Baronesse Mädi Sekkingen mit dem Grafen Udo Waldeck einen spöttischen Blick wechselte, war Regina die Laune für den ganzen Abend verdorben.

Diesmal ging es bei dem Jour der schönen Billionärstochter, deren rotblonde, kurzgeschnittene Haare in apartem Gegensatz zu den grünen schillernden Augen standen, besonders hoch her. Es war der erste Tee in dieser Saison, der erste auch nach dem mißglückten großen Souper bei Rosenow, das so jäh geendet hatte, die Wahlen waren auch vorüber, es gab also Gesprächsstoff genug, und von den intimen und weniger intimen Bekannten des jungen Mädchens fehlte niemand. Der Mehrzahl nach waren es junge Mädchen unter zwanzig und Herren unter dreißig, Otto Demel mit seinen zweiunddreißig Jahren war der Älteste. In seiner Begleitung war auch ein schlanker junger Mann mit glattrasiertem, beweglichem, clownartigem Gesicht erschienen, den Demel als Josef Hort, Gutsbesitzerssohn aus Oberösterreich, einführte.

Eben drehte sich das Gespräch wieder um die Ermordung der schönen Frau Lia Leid. Der dicke Rudi Poper, preisgekrönter Rennfahrer, im Nebenberuf Prokurist bei seinem Papa, erzürnte sich:

»Skandal das! Wenn eine Frau schon ein Verhältnis hat, so muß sie wenigstens wissen, mit wem. Aber diese Frau Leid scheint sich den erstbesten Kerl von der Straße aufgelesen zu haben.«

»Vielleicht war es ein sehr schöner Mann, dem sie nicht widerstehen konnte«, sagte Hilde Spitzer, ein streng katholisches Mädchen aus jüdischem Haus, mager, sommersprossig, blaß, aber mit bebenden Nasenflügeln und üppigen, feuchten Lippen.

»Wenn sie auf schöne Männer geflogen ist, dann hätte sie sich im Sommer einen feschen Tiroler Bergsteiger kaufen können«, meinte blasiert Baron Eichhorn, der jetzt als schlichter Eichhorn Börsendisponent einer anrüchigen Bankfirma war. »Das tun die Amerikanerinnen mit Vorliebe. Drüben in den States sind sie keusch und prüde, predigen Wasser und Sittlichkeit, wenn sie in Europa sind, saufen sie Whisky und kaufen sich dazu einen sympathischen Bergführer oder den Liftboy im Hotel per Nacht.«

Regina Rosenow lag halb in ihrem Fauteuil, so daß ihre schlanken Beine bis zu den Strumpfhaltern enthüllt waren. Die Blicke der Jünglinge, die sich auf diese Beine konzentrierten, genierten sie nicht im mindesten. Sie blies den Rauch ihrer Zigarette in Ringen vor sich hin und sagte bedächtig:

»Selbstverständlich hat die arme Lia das Recht gehabt, ein Verhältnis mit wem sie wollte zu haben. Ob Bergführer oder Graf, das ist schließlich gleichgültig, wenn sie erotisch nur auf ihre Rechnung kam. Die Hauptsache ist, daß eine Frau den richtigen Instinkt hat. Witterung, das ist alles. Und daran scheint es bei Lia Leid gefehlt zu haben. Sonst wäre sie nicht auf einen Kerl hineingefallen, der sie in ein Zimmer geschleppt hat, nicht um sie zu besitzen, sondern um sie zu berauben.«

Der engagierte Klavierspieler begann einen Tango Milonga zu spielen, die Paare schmiegten sich aneinander, ließen ihre Körper verschmelzen, vermählten ihre Schenkel und Hüften. Otto Demel, der ein vorzüglicher Tänzer war, glitt mit Regina Rosenow einher.

»Herr Egon Stirner ärgert sich. Ich bin ihm zuvorgekommen. Hübscher Mensch, übrigens. Ich glaube, er ist im Begriff, mit Ihnen einen Flirt zu eröffnen. Gefällt er Ihnen?«

»Gefallen? Das wäre wohl nicht der richtige Ausdruck. Er interessiert mich. Er ist klug, beherrscht, strotzt vor verhaltener Energie, und nebenbei scheint er eine Bestie zu sein. Er hat Raubtieraugen, die manchesmal, wenn er einen durchdringend ansieht, aufleuchten wie die einer Wildkatze.«

Demel lachte kurz auf. »Mit einem Wort, Ihre Tugend ist in Gefahr?«

Regina ließ sich zurückführen.

»Tugend? Was ist das? Meinen Sie damit das ›ich möcht schon, aber ich trau mich nicht‹ unserer Mütter? Nein, bei mir ist nichts in Gefahr, weil ich genau weiß, was ich will.«

Graf Udo Waldeck erzählte, von jungen Damen umringt, einen Witz, der an Eindeutigkeit nichts zu wünschen übrig ließ. Während die Mädchen kicherten, pfui riefen und, die Verschämten spielend, dem ehemaligen Grafen die dekolletierten Rücken wandten, lachte Hilde Spitzer nervös auf. Auf ihren brennroten, üppigen Lippen bildete der Speichel kleine Bläschen, ihre Nasenflügel zuckten, und heiser flüsterte sie dem Waldeck, dem man den Aristokraten auf hundert Schritte Entfernung ansah, zu:

»Erzählen Sie noch etwas!«

Udo Waldeck entkleidete mit kalten grauen Augen das Mädchen, ließ seine langen knochigen Finger über ihren nackten Arm gleiten:

»Ja, gerne, aber nicht hier, wenn alle die Gänse zuhören. Kommen Sie in eines der Partikuliers, wir werden dort eine Flasche Champagner trinken.«

Wie hypnotisiert folgte ihm das Mädchen, das vor einem Jahr erst das Sacré Coeur verlassen hatte.

Egon Stirner schob seinen Stuhl dicht neben Regina Rosenow. Er sprach von der Einsamkeit seines Daseins. Seine Eltern habe er verloren, als er an der italienischen Front stand. Nach dem Umsturz sei auch noch seine Schwester an der Grippe gestorben. Er selbst habe sich wochenlang erhalten, indem er Zeitungen auf der Straße verkaufte. Tagsüber habe er Zeitungen kolportiert, in der Nacht Wechselrecht und Bankwesen studiert und schließlich eine Stellung bei der Mitteleuropäischen Kreditbank gefunden.

»Mein Papa sagte mir gestern, daß er Sie zu sich in das Sekretariat genommen habe. Damit ist ja Ihre Karriere gesichert.«

»Jawohl, Ihr Herr Papa kann mich gut leiden, ich bin schon jetzt sozusagen seine rechte Hand. Überhaupt, ich kann mich nicht beklagen. Meine Börsenoperationen waren immer von Glück begünstigt – aber einsam bin ich, schrecklich einsam! Es fehlt mir ja nicht an dem, was man Glück bei Frauen nennt – aber was für Frauen sind das! Schauen Sie sich nur alle diese Frauen und Mädchen aus unserem Kreise an. Zu braven Hausfrauen bestimmt, wollen sie um jeden Preis verrucht und mondän sein. Wissen nichts, haben keinen eigenen Willen, Luxusgeschöpfchen, deren man nach dreimaligem Beisammensein überdrüssig wird. In der ersten Stunde des Alleinseins mit dem Manne haben sie sich restlos ausgegeben, in der zweiten eröffnen sie die Unterhaltung schon mit der Frage ›Was gibt es Neues?‹ Und beim drittenmal kommt man sich, zwischen zwei zärtlichen Umarmungen, wie bei einem Jour der Frau von Pollak vor. Wo aber ist das Weib, das echte, triebhafte, geistvolle, launische und doch hingebungsvolle Weib, das jedes Beisammensein zum hohen Fest, jede Umarmung zum glühenden Erlebnis macht? Ich suche und suche, eile von Frau zu Frau – gefunden habe ich dieses Weib noch immer nicht.«

Regina atmete tief auf, um dann zögernd zu fragen:

»Man erzählt, daß Sie mit Lia Leid gut standen? War das nicht die Frau nach Ihrem Geschmack?«

»Eine reizende, schöne Frau – mehr nicht. Übrigens hatte ich nicht das mindeste mit ihr zu tun, ein kleiner, eben begonnener Flirt, das war alles. Nein, auch Lia Leid war nicht die Frau, die mich hätte auf die Dauer fesseln können. Das müßte schon ein besonderes Wesen sein, wie etwa – – «

Stirner vollendete den Satz nicht, versenkte nur seine Augen in die des Mädchens, das jetzt aufsprang und spöttisch lachte:

»Eines mit recht, recht viel Geld vor allem, nicht wahr?«

Egon Stirner zeigte sich weder entrüstet noch gekränkt. Er trat so dicht an Regina, daß sie seinen Atem fühlte, umfaßte sie zum »Java«, der jetzt begonnen wurde, und sagte ruhig:

»Auch Geld müßte sie haben, viel Geld. Denn Geld und Lebenskultur, Lebenskultur und Luxus sind untrennbar, und beides brauche ich bis zur äußersten Möglichkeit.«

Otto Demel und der von ihm eingeführte Herr Hort waren, scheinbar in ein Gespräch vertieft, hinter den beiden gestanden und hatten jedes Wort mit angehört. Als der Tanz beendet war, ging der Journalist, von Hort begleitet, auf Stirner zu.

»Wissen Sie schon, daß Sie Börsengespräch geworden sind? Man erzählt von enormen Ankäufen in Krieglacher Holz, die Sie vorgenommen haben. Die ganze Hausse in Holzwerten soll darauf zurückzuführen sein. Überhaupt, Ihre Kühnheit wird bewundert. Der Kleiner vom Diskontoverein hat mir heute gesagt: ›Dieser Egon Stirner ist der kommende Mann, vorausgesetzt, daß er sich nicht frühzeitig das Genick bricht.‹ Also, da ich gerne Billionäre zu meinen Freunden zähle, hoffe ich, daß Sie nicht sich, sondern einem Dutzend Baissiers das Genick brechen.«

Stirner lächelte verbindlich.

»Man übertreibt natürlich. Ich habe allerdings einige Engagements gewagt, das ist alles. Ein Gräf-und-Stift-Auto, das ich leidenschaftlich gern haben möchte, trägt es vorläufig noch nicht.«

Regina Rosenow war kein Wort entgangen. Und sie nahm sich vor, morgen mit Papa über diesen Egon Stirner, der ihre Sinne erregte, zu sprechen. Natürlich, sie konnte bessere Partien machen, ein deutscher ehemaliger Prinz und ein englischer Lord bemühten sich um sie, aber dieser Stirner – er war ein Mann, ein ganzer Mann.

Es war elf Uhr, und die Stimmung mehr als ausgelassen. Hätte ein Fremder den Saal betreten und alle die Mädchen beobachtet, die mit heißen Gesichtern, derangierten Kleidern und Haaren, in den Armen der jungen Männer lagen und sich der Erotik der Tänze bis zur Ekstase hingaben, hätte der Fremde die Gespräche mit angehört und gesehen, wie die Paare aus den verfinsterten Séparées huschten, um anderen, schon wartenden Paaren Platz zu machen, dann würde er nicht geahnt haben, daß hier ausschließlich Mädchen aus reichen Häusern, junge Männer, die den Wiederaufbau des Staates besorgen sollten, beisammen waren.

Nur vier Nüchterne gab es im Saal. Demel, sein Begleiter Hort, der Bankbeamte Stirner und allenfalls noch Regina Rosenow, die aus Furcht vor sich selbst nicht allzuviel zu trinken wagte. Sie kannte sich und wußte, daß, wenn sie sich nicht hütete, ihre auflodernde Sinnlichkeit hemmungslos werden konnte.

Um Mitternacht begannen die Automobile vorzufahren, um die jungen Mädchen nach Hause zu bringen. Die kühle Nachtluft machte dem Sinnenrausch ein brutales Ende. Die Mädchenhände, die eben noch liebkost hatten und sich liebkosen hatten lassen, erwiderten kühl und nüchtern den Druck ihres Flirtes, Lippen blieben beim Abschiedskuß fest geschlossen, Rendezvous wurden verweigert, verschoben, nicht in der Junggesellenwohnung gewährt, sondern für Zikan vereinbart, Versprechungen achselzuckend zurückgenommen.

Morgen war Börsentag, noch dazu einer, der stürmisch werden konnte. Die Mehrzahl der Herren beschloß daher nach einem kurzen Kaffeehausbesuch nach Hause zu gehen. Man mußte den Kopf klar haben. Einige erinnerten sich, daß schließlich ihre Maitressen noch aufzusuchen wären, um das Werk der Demi-vierges zum Ende zu führen, eine Gruppe, unter ihnen Graf Waldeck, fuhr mit dem Auto nach der Melchiorgasse 56. Sigi Moskowitz erklärte, daß dort immer hübsche Mädchen zu treffen wären. »Neulich hat mir die Greifer sogar etwas von einer veritablen Jungfrau vorgefaselt, die demnächst zu ihren Klientinnen gehören würde.«

Otto Demel ging mit dem von ihm eingeführten Herrn langsam und nachdenklich die Kärntnerstraße entlang. Der Journalist spuckte plötzlich aus.

»Pfui Teufel! Und da wagt man es, die armen Mädeln zu verachten und zu verfolgen, die ihren Körper verkaufen, weil sie das Geld brauchen, das ihnen schließlich diese Bande irgendwie stiehlt. Aber warum sich entrüsten? Schließlich sind diese Mädchen und Jünglinge doch nur Produkte ihrer Zeit, also unverantwortlich für sich und ihr Treiben. Und nun, lieber Horak, erzählen Sie mir, wozu ich Sie hier unter falschem Namen einführen mußte und was Sie eigentlich gegen diesen Egon Stirner haben.«

Der Polizeibeamte Horak, dies war der angebliche Gutsbesitzerssohn Hort, ließ eine volle Minute vergehen, bevor er antwortete.

»Was ich gegen ihn habe? Viel und wenig und vor allem dasselbe wie Sie, Herr Redakteur! Nämlich einen Verdacht. Den Verdacht, der Mörder der Frau Lia Leid zu sein!«

Demel blieb stehen und erwiderte erregt:

»Jawohl, diesen Verdacht habe ich. Ich weiß nicht, wann und wie er in mir aufgekommen ist. Vor wenigen Tagen erst, als man erzählte, daß Stirner plötzlich unter die kühnsten Spekulanten gegangen sei, tauchte schrecklicher Verdacht in mir auf, sah ich seine kalten und doch schillernden Raubtieraugen vor mir, fühlte ich, daß von allen den Leuten, die sich um Lia herum bewegt hatten, er der einzige ist, dem ich einen Mord zutrauen würde. Und ich war durchaus nicht überrascht, als Sie mich baten, Sie in die Kreise, in denen auch er verkehrt, unter falscher Flagge einzuführen. Nun aber bitte ich Sie, mir alles zu sagen, was Sie wissen.«

»Das will ich, nicht nur, weil ich Sie für einen Ehrenmann halte und sicher bin, daß Sie absolutes Stillschweigen bewahren werden, sondern auch aus egoistischen Motiven: ich brauche Sie nämlich! Aber ich möchte nicht hier auf der Straße sprechen. Beim Gehen wird man leichter laut, und es könnte jemand, ohne daß wir es wissen, zuhören. Das Café ›Habsburg‹ hat heute bis drei Uhr offen, suchen wir uns dort eine Nische.«

Kleine Kokottchen, Bürgerfrauen mit ihren Männern, blasse, paarweise auftretende Jünglinge mit gebrannten Locken und grellen Krawatten, Kommis, die noch ein billiges Abenteuer erleben wollten, alte Herren, denen es nur mehr darauf ankam, ihren Augen eine Sinnesfreude zu bereiten, Balkanier auf der Durchreise, üppige Frauen, die bereit sind, vom Handel mit sich zum Handel mit anderen überzugehen, lärmende Musik, mißtrauische Kellner, Blumenmädchen und Hausierer mit Streichhölzern, die in den Taschen aber auch obszöne Bilder und pornographische Bücher haben, ein Gewimmel von Menschen aller Klassen und Rassen füllte das Café ›Habsburg‹, in dem der Journalist und der Polizeibeamte nach langem Suchen einen Fenstertisch fanden.

Und nun erzählte Horak:

»Ich kannte Herrn Stirner nicht, hatte nicht den mindesten Anlaß, gerade gegen ihn einen Verdacht zu hegen. Erst von dem Augenblick an, da ich das Zimmer der Frau Lia Leid durchsuchte, begann ich mich mit ihm zu beschäftigen. Im Schreibtisch fand ich keinerlei Anhaltspunkte. Um so stärkere aber auf dem Telephonapparat neben dem Diwan der Frau Leid. Die kleine Steinplatte auf dem Apparat war mit Ziffern vollgekritzelt. Sie wissen es ja selbst, daß man, wenn man mit dem Hörrohr in der Hand wartet, unwillkürlich die Nummern, die man eben braucht, vor sich hinzukritzeln pflegt. Mir fiel nun auf, daß die Zahl 9 89 72 am häufigsten niedergeschrieben war und im Gegensatz zu den anderen Zahlen frisch und deutlich erschien. Ich notierte mir die lesbaren Zahlen und kontrollierte sie nachher. Alle bis auf 9 89 72 waren unverdächtig, bezogen sich auf Schneiderateliers, Modistinnen, Kürschner, auf die Villa Rosenow, die Kanzlei des Doktor Leid. Die immer wiederkehrende Nummer 9 89 72 aber auf die Mitteleuropäische Kreditbank, und zwar auf das Sekretariat dieser Bank.

Nun nahm ich mir die Liste der Gäste vor, die damals an dem Unglücksabend bei Rosenow erschienen waren. Es befanden sich unter ihnen vier Beamte der Bank: Vizepräsident Nagelstock, ein alter Herr von sechzig Jahren, Verwaltungsrat Doktor Pramer, ein kleiner Herr mit einem Höcker, der Prokurist Ludwig Winterfeld, ein dicker Herr mit einem enormen Bauch, nebenbei sechsfacher Vater, und Herr Egon Stirner. Als Liebhaber einer schönen Frau konnte natürlich nur Stirner in Betracht kommen, auf ihn konzentrierten sich nunmehr alle meine Beobachtungen.

Ich werde Ihnen alles sagen, was ich ermittelt habe.

Egon Stirner ist 33 Jahre alt und der Sohn eines verstorbenen Postbeamten. Auch seine Mutter lebt nicht mehr. Er selbst war in seiner Jugend ein Tunichtgut, ist noch vor Absolvierung des Gymnasiums nach Amerika ausgewandert, hat dann ruhelose Jahre in den Vereinigten Staaten, in Afrika und Australien verlebt. Kurz vor Beginn des Weltkrieges kam er nach Wien, rückte als gewöhnlicher Soldat ein, wurde aber bald wegen seiner Sprachkenntnisse dem Spionagedienst zugeteilt. Die letzten zwei Kriegsjahre verbrachte er in der Schweiz, soll dort mehr Spionage für Frankreich als für sein Vaterland betrieben haben. Man erzählt, daß er in Genf mit Vorliebe Deutsche über die Grenze gelockt und in die Hände der Franzosen gebracht habe.

Nach Beendigung des Krieges kam er wieder nach Wien, schloß sich den Kommunisten an, rückte aber bald von ihnen ab und betrieb allerlei Geschäfte mit Schiebern und Kettenhändlern.«

»Mit einem Wort, ein feiner Kerl«, warf Demel ein.

»Jawohl, Kavalier vom Scheitel bis zur Sohle. Im Jahre 1920 kam er bei der neugegründeten Mitteleuropäischen Kreditbank an, bei der er noch heute ist. Durch gute Manieren, Sprachkenntnisse und Fleiß kam er vorwärts. Seit drei Monaten sitzt er im Sekretariat, und diesem Umstand hat er seine persönliche Bekanntschaft mit dem Generaldirektor Rosenow und die Einladung in die Villa zu verdanken. Durch Rosenow hat er denn auch Lia Leid und deren Gatten kennengelernt.«

»Aus all dem ergibt sich aber noch immer kein Verdachtsmoment.«

»Hören Sie nur weiter zu: Stirner hatte die ganzen Jahre ohne Deckung und mit wenig Glück an der Börse gespielt. Er war schließlich der eigenen Bank sogar eine nicht unbeträchtliche Summe schuldig, was ihm einen scharfen Verweis durch den Prokuristen eintrug.

Zwei Tage nach der Ermordung der Frau Leid hat Stirner seinen restlichen Urlaub von acht Tagen angetreten, und zwar ist er nach Italien gefahren. Angeblich nur nach Venedig, aber das muß nicht wahr sein. Nach seiner Rückkehr beglich er sein Konto bei seiner Bank, hinterlegte bei anderen Banken größere Summen und begann, in großem Stil an der Börse zu arbeiten. Die Hausse in Holzwerten ist auf seine Ankäufe zurückzuführen, und würde er seine Engagements lösen, so müßte sich ein kolossaler Gewinn für ihn ergeben. Nach meinen Informationen hat er dies aber nicht getan, sondern sich weiter engagiert.«

»Und was gedenken Sie nun zu tun?«

»Das weiß ich heute noch nicht. Es liegt gegen Egon Stirner kein positives Verdachtsmoment vor, nicht ein Argument, das einen Schritt gegen ihn rechtfertigen würde. Ich habe die Überzeugung, daß Stirner mit den geraubten Perlen und Juwelen nach Italien gefahren ist, um die Beute dort zu verkaufen. Wie aber soll ich ihm das nachweisen? In Italien seine Spur suchen? Leichter noch läßt sich in einem Heuhaufen eine Stecknadel finden. Hat man die italienische Grenze überschritten, so kann man sich, ohne behelligt zu werden, unter einem beliebigen Namen im Hotel einquartieren. Stirner spricht perfekt Italienisch, niemand wird dort in ihm einen Wiener vermutet haben. In Venedig, in Mailand, Genua gibt es Dutzende von Händlern, die gestohlene Juwelen und Perlen ankaufen und ins Ausland verschleppen. Wer weiß, vielleicht befinden sich heute die herrlichen Perlen schon in London oder New York. Wenn es nach den beliebten Kriminalromanen ginge, so würde ich ja irgendwo in Venedig in einer düsteren Gasse bei einem weißbärtigen Hehler eine Spur finden, Aber es handelt sich eben nicht um Romane, sondern um das wahre Leben, und die Hehler haben ihre Läden nicht in düsteren Gassen und keine weißen Bärte, sondern sind elegante, mit allen Salben geschmierte Gentlemen. Nein, vorläufig rühre ich mich von Wien nicht weg, sondern hefte mich an Stirner, wie sein Schatten. Hier, in Wien, wo der Mord geschehen ist, muß ich Beweise dafür finden, daß er der Mörder ist. Und sie, Herr Redakteur, sollen mir dabei helfen, indem Sie mich immer wieder in die Kreise einführen, in denen Stirner verkehrt.«

Der erste Schritt

Als Grete Rumfort in ihrem neuen Kostüm zum erstenmal nach der Mittagspause ins Bureau ging, drehten sich noch viel mehr Männer nach ihr um als sonst. Und die Blicke, die sie in die Auslagefenster warf, sagten es ihr, daß sie jetzt erst schön, auffallend schön sei. Die kleinen Füße in den Lackhalbschuhen des Meisters Wisloschill, die schlanken, edel geformten Beine von grauen Seidenstrümpfen umhüllt, die weichen zarten Linien ihres Körpers – wahrhaftig, es ging keine an ihr vorüber, die sich mit ihr hätte messen können. Die grüne Farbe des Kostüms hob ihren Teint, ließ ihre blonden Haare goldig schimmern, der kleine Hut saß kokett auf dem schönen Köpfchen.

Von oben bis unten hatte Frau Greifer sie eingekleidet, alles an ihr war neu, auch ihr Lebensmut, ihre Freude an sich selbst. Als anderer Mensch fühlte sich Grete, selbstbewußt, selbstsicher, stolz.

Grete hatte sich spät entwickelt. Als vor einem Jahr ihr Vater starb, war sie noch ein schüchterner, eckiger Backfisch gewesen, und das Jahr ihrer Reife zum jungen schönen Weib hatten Sorge und Kummer so belastet, daß sie nicht zum Bewußtsein ihrer selbst gekommen war. Und nun fühlte sie sich eigentlich zum erstenmal in ihrem Leben als Weib, als Siegerin, die Ansprüche an das Leben stellen konnte.

Vor dem Haus, in dem sich das Bureau des Herrn Wöß befand, zögerte Grete.

Was wohl die Kollegen und Kolleginnen sagen würden? Diese armen, dürftigen, genau wie sie ausgebeuteten Menschen, die alle wie sie noch gestern in Fetzen und zerrissenen Schuhen einhergingen! Und Herr Wöß, dieser ekelhafte Kerl, der würde schauen!

Während das Mädchen die Treppen hinaufging, fiel plötzlich die ganze Freude von ihr ab. Mit Schrecken kam es ihr zum Bewußtsein, daß sie fast keinen Heller mehr besaß, morgen schon zu Hause wieder Not und Hunger herrschen würden, alles, was sie trug, ausgeborgt war, eigentlich gar nicht ihr, sondern dieser seltsamen freundlichen und ihr doch unheimlichen Frau Greifer gehörte.

Im Bureau riß man Augen und Ohren auf. Bewundernde, neidische, argwöhnische Blicke musterten sie, niemand sagte etwas, man tat, als wäre sie das Fräulein Rumfort vom Vormittag und nicht eine elegante, bildhaft schöne junge Dame, die in dieses schmutzige Bureau mit seinen wackeligen Stühlen und ungehobelten Schreibtischen nicht hineinpaßte.

Auch Grete tat ganz unbefangen und setzte sich wie gewöhnlich vor ihre aus vergangenen Jahrzehnten stammende Schreibmaschine, um zu arbeiten.

Herr Wöß betrat das Bureau und verschluckte sich, als er Grete sah. Musterte sie von oben bis unten durchdringend, lachte dann höhnisch auf und begab sich, während er vielsagend mit den Achseln zuckte, in sein Kontor.

Das höhnische Lachen des Sklavenhälters hatte auf die Sklaven befreiend gewirkt, fand nun sein zehnfaches Echo. Alle grinsten, warfen Grete höhnische Blicke zu, und ein ausgedörrtes, angesäuertes Mädchen murmelte ihrer Nachbarin etwas von Kokotten und Frauenzimmern zu.

Bisher hatte sich Grete, die gefällig und liebenswürdig gegen jedermann war, mit allen gut vertragen, jetzt fühlte sie zum erstenmal Abwehr gegen sich, aber auch Abwehr gegen die anderen.

Herr Wöß öffnete die gepolsterte Tür seines Privatkontors und rief barsch nach Grete.

Allein mit ihr, begann er vergnügt zu lachen.

»Also, reichen Liebhaber gefunden, was? Recht haben Sie, sehr recht, ein junges schönes Mädel muß klug sein. Schade, wäre gern der erste bei Ihnen gewesen, hätte mich auch nicht lumpen lassen, aber macht nichts, bin noch immer Ihr guter Freund. Eifersucht kenne ich nicht, bin begnügsam. Also, wann werden Sie mir eine Nacht schenken?«

Grete zitterte am ganzen Körper vor Empörung und Scham. Sie stampfte mit dem Fuß auf und sagte, während ihr die Tränen entströmten:

»Herr Wöß, ich muß mir das verbieten, Sie haben kein Recht, mich zu beleidigen.«

Da geschah Unerwartetes. Der dürre Kerl mit der Trinkernase und dem finnigen Gesicht riß das Mädchen auf seinen Schoß und preßte es mit eiserner Gewalt an sich, während er keuchte:

»Geh, tu dir nichts an, Schatzerl! Das, was ein anderer kann, kann ich auch, und gerade jetzt gefallst du mir gut. Oder willst du mir einreden, daß dir der liebe Herrgott die feinen Sacherln geschenkt hat?«

Ein frecher Handgriff tat das übrige, um Grete fast die Besinnung zu rauben. Mit einem jähen Ruck riß sie sich los, schlug mit der geballten Faust ihrem Chef ins Gesicht und schrie:

»Ich bleibe keine Stunde länger bei Ihnen, Sie gemeiner Mensch, Sie!«

Schluchzend stürzte sie hinaus, Wöß folgte ihr und brüllte ihr nach:

»Schauen Sie, daß Sie hinauskommen, Sie Frauenzimmer, Sie! Ich dulde in meinem Bureau keine liederlichen Personen, die in Samt und Seide einherkommen. In dem Aufzug gehören Sie auf die Straße, aber nicht unter solide Menschen. Sie sind ohne Kündigung entlassen. Schauen Sie, daß Sie bald den Vorschuß zurückzahlen, sonst verklage ich Sie!«

Grete hörte das beifällige Murmeln der Sklaven nicht mehr, sie hatte Jacke und Hut genommen und war davongeeilt, ohne noch einmal aufzublicken. Und wie sie nun draußen im Novembernebel stand, schien ihr durch die Tränen, die ihren Augen entströmten, die Welt nicht mehr schön und hoffnungsfroh zu sein, sondern grau, düster und verzweifelt.

Mechanisch, wie im Traum querte Grete die Innere Stadt, um über den äußeren Burghof, den Volksgarten entlang, nach Hause zu kommen, fühlte nicht die werbenden Männerblicke, die ihr folgten, sich an ihr festsaugten, sie entkleideten. Dumpfer Refrain aller ihrer Gedanken: Was jetzt, was jetzt, woher Geld nehmen? Ungeheures Mitleid mit sich selbst überkam sie, das Gefühl der Schutzlosigkeit und Verlassenheit. Großvater würde poltern und mächtige Worte sprechen und von Custoza erzählen, Mama, die arme, von all den Sorgen ganz unvernünftig gewordene Mama, jammern und weinen, Erich, dieser gute liebe Junge, sich dann an Mamas Schürze klammern und mit ihr heulen. Und Else – Grete schloß die Augen, und ein unsagbares Angstgefühl durchzog sie. Else machte ihr Sorgen, war in letzter Zeit so seltsam, gar nicht wie ein Kind von dreizehn Jahren – gestern erst hatte sie ihr gesagt, sie denke nicht daran, noch länger so zerfetzt in die Schule zu gehen, sich in den Hüften gewiegt und mit einem grellen, unkindlichen Lachen erklärt, ganz genau zu wissen, daß es Herren genug gäbe, die einem Mädchen, auch wenn es erst dreizehn Jahre alt sei, Geld und schöne Sachen schenken.

Grete fühlte ihr Herz bis zum Hals hinauf klopfen, als sie die Melchiorgasse betrat, die ihr heute düsterer, abscheulicher als je erschien. Freudlose Gasse mit häßlichen Menschen, Armut und Verbrechen.

Schaudernd sah Grete zu den Mezzaninfenstern des Hauses 55 empor. Hier hinter diesem Vorhang war die junge schöne Frau erdrosselt worden, die alles hatte, was das Leben an Glanz und Pracht bieten konnte, und doch nicht mit ihrem Schicksal zufrieden war, aus dem Heim voll Luxus und Reichtum hierhergeschlüpft war, um in der freudlosen Gasse durch Mörderhand zu sterben.

Vor dem Haus Nummer 56 blieb Grete stehen, betrat es dann mit raschem Entschluß. Vielleicht wußte Frau Greifer, die so gut zu ihr gewesen war, Rat. Sicher, so war es, diese welterfahrene Frau mit ihren vielen Bekanntschaften würde ihr helfen, ihr eine neue Stellung verschaffen.

Frau Greifer führte Grete in einen großen, mit alten Möbeln nicht ohne Geschmack ausgestatteten Salon, dessen breiter Kachelofen behagliche Wärme ausströmte. Verwundert sah sich Grete um. Es fiel ihr auf, daß unverhältnismäßig viel Stühle und Fauteuils in dem saalartigen Raum umherstanden, an den Wänden hintereinander drei Diwans, neben dem Klavier vor dem mit dichten Vorhängen verdeckten Fenster eine Art Podium.

Frau Greifer fing den Blick des Mädchens auf und erklärte gleichmütig:

»Bei mir gibt es oft kleine Unterhaltungsabende, da wird gespielt und getanzt. Für die Damen, die bei mir arbeiten lassen. Sie bringen halt ihre Herren mit, und es ist dann recht lustig bei uns. Das nächste Mal lade ich Sie auch ein, Freiln Grete, nur muß ich Ihnen vorher ein schönes Abendkleid machen.«

»Damit wird es wohl nichts werden, Frau Greifer! Wie Sie mich hier sehen, bin ich ein armes postenloses Bureaumädel, das man hinausgeschmissen hat.«

Frau Greifer hörte die Erzählung Gretes schweigend an, während sie zärtlich die Arme und die Brüste des schönen jungen Mädchens tätschelte. Dann nickte sie.

»Ja, so geht es einem schönen Mädel, wenn es arm ist. Brauchen sich deshalb kein graues Haar wachsen zu lassen. Wer'n mir schon machen, verlassen Sie sich nur auf die Greifer, die wird Ihnen schon einen eleganten, reichen Freund aussuchen, bei dem Sie gut aufgehoben sind.«

Grete zuckte zusammen.

»Verkaufen tue ich mich nicht, Frau Greifer, lieber geh ich ins Wasser. Ich bin kein dummes Mädel mehr, weiß schon, wie es auf der Welt zugeht. Aber der Gedanke, daß ich mich mit so einem abscheulichen Kerl – nein, Frau Greifer, ich könnte es einfach nicht tun, würde, sogar wenn ich es wollte, im letzten Moment davonlaufen.«

Die Schneiderin lenkte ein.

»Von einem abscheulichen Kerl ist ja keine Rede, Fräulein Grete! Ich denk an einen feschen, eleganten Herrn, der Ihnen gefallen wird.

Und Sie brauchen sich ja nichts zu vergeben, gar nichts! Die Männer von heutzutag sind ja gar nicht so, daß sie gleich alles wollen. Wenn Sie gescheit sind, dann halten Sie ihn hin, solange es Ihnen paßt. Ich kenn einen feinen Herrn, einen schönen, stattlichen Mann, er heißt Löhner und ist furchtbar reich. Wenn Sie den richtig zu behandeln verstehen, so können Sie Millionen, Schmuck, Perlen, Kleider von ihm haben – was Sie wollen. Verlassen Sie sich nur auf mich, Fräulein Grete, ich wer' Ihr Glück schon machen. Wenn ich das nicht genau wüßte, hätt ich doch nicht das viele Geld für die Kleider kreditiert. Ich bin ja selbst eine arme Frau und muß schauen, daß ich zu meinem Geld komm'.«

Aus den Pfoten der Katze, die eben noch geschmeichelt und gestreichelt hatte, fühlte Grete die Krallen auftauchen. Zitterndes Angstgefühl bemächtigte sich ihrer und doch auch wieder der Wille zum Leben. Millionen, Kleider, Juwelen – und das alles vielleicht nur für einen flüchtigen Kuß, an dem ihr Herz nicht beteiligt sein würde. Pah, das konnte man riskieren, das wusch man wieder mit Seife und Wasser ab, wie einen Rußfleck!

Die Türglocke hatte geläutet, und nun kam Fräulein Henriette mit zwei eleganten jungen Damen herein. Die eine, eine wahrhaft junonische brünette Erscheinung, die andere klein und zierlich wie eine Puppe. Beide trugen Pelzmäntel, die sie jetzt ablegten. Stark dekolletierte Abendkleider und viel Schmuck kamen zum Vorschein.

Frau Greifer stellte vor:

»Fräulein Lona und das kleine Fräulein Gisi. Das ist Fräulein Grete, die jetzt schweren Kummer hat. Ich wer' ihr schon helfen, auf mich kann man sich verlassen, was, meine Damen?«

Die imposante Lona und die zierliche Gisi nickten nicht gerade sehr eifrig und sahen Grete neugierig und ein wenig ironisch an. Lona wandte sich dann der Frau Greifer zu:

»Na, Mutterle, wird es heute hoch hergehen? Ich brauch Geld, viel Geld!«

Frau Greifer zwinkerte mit den Augen und beeilte sich, Grete in das vordere Zimmer zu führen.

»Zwei nette feine Damen! Denen ist es genauso schlecht gegangen wie Ihnen, bis sie sich mir anvertraut haben. Heute fahren Sie im Auto spazieren und leben wie die Fürstinnen. Nur nicht dumm sein, Freiln Grete, dann werden wir beide auf unsere Rechnung kommen!«

Grete hämmerten die Pulse. Sie war verwirrt, wußte nicht recht, was um sie her vorging, konnte und wollte keine Erklärung dafür finden, daß hier Damen nur Vornamen hatten. Eine grenzenlose Müdigkeit machte sie fast willenlos, kaum daß sie sich noch zu der schamhaft geflüsterten Bitte aufschwingen konnte, Frau Greifer möge ihr ein Darlehen von fünfzigtausend Kronen gewähren.

Die Äuglein der Schneiderin blitzen auf. Sie gab Grete den Betrag, fügte aber hinzu, daß es ihr selbst schwer ankomme und sie mehr nicht tun könne. Übrigens werde sie in den nächsten Tagen an einem Nachmittag bei einer guten Jause Grete mit dem Herrn Löhner bekannt machen, und wenn sie nur klug sein wolle, werde dann alle Not ein Ende haben.

Grete nickte. Schon hatte sie das Gefühl, nicht mehr freies Eigentum ihrer selbst, sondern willenlos, verpfändet, Gegenstand zu sein. Und doch war sie nicht mehr so verzweifelt wie vor zwei Stunden noch. Für einen Tag war ja die Not abgewendet und dann – Frau Greifer würde schon helfen. Und – morgen würde sie sich ausschlafen können. Denn sie brauchte ja nicht mehr in das schreckliche Bureau des Herrn Wöß zu gehen.

Wenn die Papiere fallen

Jan Holm, Moritz Zipperer und Joe Brownstone saßen beisammen und entwarfen einen Kriegsplan.

Jan Holm, Großindustrieller, Bankier, leitender Verwaltungsrat von einigen Dutzend Aktiengesellschaften. Moritz Zipperer aus Czernowitz hatte vor fünf Jahren noch mit Schmieröl gehandelt, galt heute als einer der führenden Börsenspekulanten. Joe Brownstone, recte Johann Braunstein, war Amerikaner.

Eben waren die drei Herren übereingekommen zu verkaufen, sich zu den gegenwärtig hohen Kursen eines Großteils ihrer Effekten zu entledigen. Mister Brownstone führte das große Wort:

»Seitdem das Wort von der Überwertung der Industriepapiere in den Zeitungen aufgetaucht ist, beginnt das Publikum nervös zu werden. Wir müssen ihm zuvorkommen, es müssen wieder günstige Nachrichten auftauchen, so daß wir zu guten Kursen verkaufen können. Ich habe eine Idee: Morgen muß in den führenden Börsenblättern eine New Yorker Depesche erscheinen, nach der das Bankhaus Morgan sich für die österreichische Industrie zu interessieren beginnt und Pakete ankauft. Pierpont Morgan ist nämlich auf seiner Jacht nach Grönland unterwegs, und sein Generaldirektor Cunning ist schwer krank. Also werden viele Tage vergehen, bevor ein Dementi kommt. Inzwischen haben wir Zeit, bei steigenden oder stabilen Kursen zu verkaufen. Später, wenn alles um vierzig Prozent gefallen ist, können wir uns wieder eindecken.«

Holm und Zipperer nickten beifällig. Zipperer schrie aufgeregt: »Lassen Sie mich die Aktion durchführen! Wir müssen vorsichtig sein, hundert Agenten in Bewegung setzen, so lange wie möglich im geheimen arbeiten.«

Holm tat müde und schläfrig. In Wirklichkeit überlegte er, wie er die beiden anderen hineinlegen könnte. Jedenfalls wollte er morgen schon seine Krieglacher Holz, die einen übertrieben hohen Kurs hatten, abstoßen. Unwillkürlich lächelte er. Da war ja so ein kleiner Gernegroß, wie hieß er nur? – Stirner oder so ähnlich – aufgetaucht, der in seinem Schatten mitgelaufen war. Richtig, er war Beamter bei der Mitteleuropäischen Kreditbank. Nun, er sollte nur schön bescheiden bei seinem Beruf bleiben und sich damit begnügen, hie und da an den Früchten des Giftbaumes zu naschen. Billionär wird man nicht mehr so leicht, die Zeiten sind vorbei.

Die Details der kommenden Konterminekampagne waren festgelegt, Holm, in dessen Bureau die Unterredung stattfand, ließ schwere Upmans und schottischen Whisky kommen, und man plauderte noch ein halbes Stündchen. Der Amerikaner erzählte von einem Geschäft nach dem Umsturz, bei dem sein Freund, ein Schotte namens O'Reilly, mühelos Millionen verdient hatte.

»Im Dezember 1918 fuhr er nach Paris und besichtigte von dort aus die französischen Schlachtfelder. Und was sah er in den Schützengräben? Sie waren mit Cornedbeefdosen gepflastert, jawohl, direkt gepflastert! In solchen Massen hatten wir den Poilus Cornedbeef geschickt, daß sie damit nichts Besseres anzufangen wußten, als sie in ihren Schützengräben und Unterständen einzulassen. Prachtvolle Idee, das! Sie hatten dadurch einen eisernen, trockenen Fußboden. Und nun lagen die Gräben und Unterstände leer da, und in ihnen Hunderttausende von verrosteten Dosen, auf denen die Poilus monatelang geschlafen und – na sonst noch einiges hatten. Zur selben Zeit aber schrien die Österreicher ihren Hunger in die ganze Welt hinaus, in Wien starben die Kinder wie die Fliegen, und der Präsident Renner schnorrte alle Staaten an. Also O'Reilly machte sich sofort an eine maßgebende französische Person aus der Intendantur heran, steckte ihr ein ordentliches Stück Trinkgeld in die Hand und erhielt Erlaubnis, gegen Bezahlung eines lächerlich kleinen Betrages die Konservendosen aus allen Schützengräben fortzutransportieren. Nun und was glauben Sie, hat er damit getan? Zu Höchstpreisen den Österreichern angehängt! Die sind darauf geflogen wie die Fliegen auf den Honigtopf, und ordentlich dankbar sind sie auch noch gewesen. Brrr, mir hat es gegraust, wenn ich an den Schlamm, Dreck und das Blut gedacht hab, das wochenlang auf diesem Pflaster geschwommen ist! Aber was ißt man nicht alles, wenn man Hunger hat? Nun und O'Reilly hat eine runde Million Dollar daran verdient.«

Jan Holm bekam wieder eine seiner sentimentalen Anwandlungen, und hätte er seinem Impuls gefolgt, so würde er dem Amerikaner die Flasche Whisky an den Schädel geschlagen haben. Aber er konnte sich beherrschen und begnügte sich damit, die Sitzung aufzuheben.

Einige Tage nach dieser Konferenz begann die Börse flau zu werden. Zuerst war sie »lustlos«, dann »schwach«, bis die Kurse in immer rascherem Tempo abbröckelten. Plötzlich hieß es, einige Großspekulanten hätten ganze Pakete auf den Markt geworfen; und nun sausten die Papiere in die Tiefe. Am stärksten kam die Baisse bei den Holzwerten, vor allem bei Krieglacher Holz, zum Ausdruck. Dieses Papier fiel an einem Tag um hunderttausend, am nächsten um achtzigtausend, und bevor vierzehn Tage um waren, standen sie um fünfzig Prozent unter dem Kurs, zu dem sie Egon Stirner gekauft hatte.

Eines Tages konnte dieser neue Stern am Börsenhimmel mit dem Bleistift in der Hand mühelos ausrechnen, daß sein Anfangsvermögen und sein dreimal so großer Gewinn den Weg alles Irdischen gegangen seien und er wieder von den dreieinhalb Millionen Kronen im Monat, die er von der Mitteleuropäischen Kreditbank erhielt, würde leben müssen.

Dazu kam noch, daß Generaldirektor Rosenow ihn ins Gebet nahm und streng, wenn auch jüdelnd sagte:

»Ich höre von großen Verlusten, die Sie gehabt haben. Hoffentlich sind Sie gedeckt. Aber ich mach Sie darauf aufmerksam, daß ich es nicht gern sehe, wenn sich die Herren aus meiner Umgebung so stark engagieren. Machloiken kann ich nix brauchen.«

Am Nachmittag tanzte Stirner mit Regina Rosenow in der Bristol-Bar, und als sie sich dem brutalen Druck seiner Arme immer willenloser fügte, war sein Entschluß gefaßt: Er mußte Regina erobern und der Schwiegersohn Rosenows werden!

Herr Löhner

Im »Wiener Herold« erschien ein Artikel, der Aufsehen erregte. Er behandelte den Mord in der Melchiorgasse und berichtete über eine neue Spur. Es hieß in ihm:

»Monate sind verstrichen, und noch immer ist der Mörder der unglücklichen Frau Lia Leid nicht entdeckt. Selten noch ist ein Fall vom polizeitechnischen Standpunkt so schwierig gewesen wie dieser. In der Hinterlassenschaft der schönen Frau wurde nichts gefunden, was über den Täter Aufschluß hätte geben können. Er war ihr Liebhaber, das ist sicher. Aber keiner von den Männern, die zum Bekanntenkreis der Frau Leid gehörten, kommt in Betracht. Nur zwei Personen haben den Mörder gesehen: die Zimmervermieterin, Frau Merkel, und der Lehrling eines Schusters. Die Frau Merkel weiß nur, daß der Mann groß ist, einen Spitzbart und Kneifer trug. Seine Gesichtszüge hat sie nie gesehen, da er bei beiden Unterredungen im Dunkel stand. Der Lehrling hat ihn kommen und gehen sehen, mit und ohne Bart und Kneifer. Aber auch er kann das Gesicht nicht beschreiben, sagt, er würde ihn kaum erkennen, wenn man ihn ihm gegenüberstellt.

Die Arbeit der Polizei wird dadurch außerordentlich erschwert, da es sich wahrscheinlich um einen intelligenten Mann der sogenannten guten Gesellschaft handelt und nicht um einen berufsmäßigen Verbrecher. Diese haben ihre Schlupfwinkel und Stammlokale, die auch die Polizei kennt. Außerdem beeilen sie sich fast immer mit dem Verkauf der Beute und verraten sich dadurch. Der Mörder aus der Melchiorgasse aber hat sicher keine Spießgesellen, keine Verbrecherkneipen und wird es mit dem Verkauf der Juwelen nicht eilig gehabt haben.

Um so anerkennenswerter und interessanter ist es, daß die unter der Leitung des bewährten Hofrates Schmitz stehende Wiener Sicherheitspolizei doch eine Spur gefunden hat, die hoffentlich recht bald zur Verhaftung des Mörders führen wird. Im Interesse der Sache dürfen wir heute noch nichts Näheres sagen, nur so viel sei verraten, daß die Spuren der Polizei ostwärts führen. In Bukarest sind derzeit Wiener Polizeibeamte an der Arbeit, und es ist ein edles Wild, das gejagt wird. Erfolgt die Verhaftung, dann wird es in der besten Gesellschaft der rumänischen Hauptstadt eine gewaltige Sensation geben.«

Dieser Artikel war von Otto Demel geschrieben und enthielt nicht ein wahres Wort! Nach reiflicher Überlegung mit Horak war er entworfen worden, um den Mörder sicher zu machen, ihn in dem Glauben zu wiegen, daß die Polizei eine falsche Fährte verfolge und die Möglichkeit, ihn, den wirklichen Mörder, zu entdecken, gleich null sei.

Otto Demel hatte einmal in einem vielbeachteten Feuilleton auseinandergesetzt, wie die kleinsten, an sich geringfügigen Geschehnisse oft das Schicksal eines Menschen, ja sogar eines ganzen Volkes verändern und bestimmen können. Die Wahrheit dieser Feststellung sollte er jetzt am eigenen Leibe erfahren.

Als er an dem Tage, an dem sein Artikel über den Mörder der Frau Lia Leid erschienen war, nach Hause kam, wurde ihm eine unangenehme Überraschung bereitet.

Demel bewohnte seit vielen Jahren zwei möblierte Zimmer bei einer alten Dame auf der Wieden. Und nun bat ihn diese Frau mit aufgehobenen Händen und fast weinend, er möge auf die Wohltat des Mieterschutzgesetzes verzichten und freiwillig ausziehen. Ihr Schwiegersohn, der mit ihrer Tochter in der Tschechoslowakei wohne, könne eine glänzende Stellung in Wien antreten, vergebens habe sie sich um eine Wohnung für das Ehepaar umgesehen, und so bleibe ihr denn nichts übrig, als seine zwei Zimmer zu beanspruchen.

Der Journalist war über die Mitteilung konsterniert, aber zu einsichtsvoll, um die Berechtigung der Bitte nicht anzuerkennen. Unmutig, im vollen Bewußtsein, wie schwierig es für ihn sein würde, ein neues Quartier zu finden, erklärte er sich bereit, auszuziehen, sobald er halbwegs Geeignetes für sich gefunden haben würde.

Am nächsten Tag schon erschien im »Herold« eine Annonce, durch die er mindestens ein gut möbliertes, peinlich sauberes Zimmer mit Badebenutzung suchte.

Zehn Briefe liefen als Antworten ein. Sechs von Wohnungsbureaus, die ihre Dienste gegen entsprechende Vorauszahlung anboten, und drei von alleinstehenden Damen in »mittleren« Jahren, die zwar kein Badezimmer hatten, dafür aber nicht abgeneigt wären, einen Zimmerherrn mit innigem Anschluß an sich zu beglücken. Ein einziges Offert schien ernsthaft zu sein und berührte Demel durch Schrift und Stil sympathisch. Es enthielt die Aufforderung, ein großes, gut möbliertes Zimmer, das bisher das Wohnzimmer der Familie gewesen war, zu besichtigen. Die Adresse allerdings versetzte den Journalisten in helles Erstaunen. Sie lautete: Melchiorgasse 58, 3. Stock, Tür 8.

»Pfui, Teufel«, murmelte Demel vor sich hin, »ausgerechnet diese abscheuliche, trostlose Gasse, und noch dazu in unmittelbarer Nähe des Hauses, in dem die Frau meines armen Freundes ermordet wurde.«

Aber dann erinnerte er sich, daß das Haus direkt gegenüber dem Mordhaus einen recht guten, soliden Eindruck auf ihn gemacht hatte. Vielleicht war dies die Nummer 58. Und außerdem blieb ihm keine Wahl. So suchte er denn die angegebene Adresse auf.

Als er an der Tür der Wohnung Nummer 8 den Namen »Alois von Rumfort, k. k. Regierungsrat« las, war er im Bilde. Leute, die einst gute Tage gesehen hatten und sich nun, unter dem Druck der Verhältnisse, entschließen müssen, ein Zimmer zu vermieten.

Tatsächlich war dieser Entschluß unter dem äußersten Zwang entstanden. Grete konnte trotz aller Anstrengungen keine Stellung finden. Sie beantwortete alle in Betracht kommenden Stellenangebote, aber auf jede solche freie Stelle kamen hundert Bewerberinnen. Der Prokurist eines Konfektionshauses wollte sie engagieren, aber, wie er ganz ungeniert heraussagte, unter der Bedingung, daß Grete sein Verhältnis werde. Als sie ihrer Entrüstung Ausdruck gab, erklärte er achselzukkend, ob er oder ein anderer sei doch schließlich gleichgültig. Da Grete anderer Ansicht war, mußte sie auf diese Stellung verzichten.

Frau Greifer ließ einige Tage nichts von sich hören, dann lud sie das Mädchen zum Tee ein, um es mit Herrn Löhner bekannt zu machen. Grete kämpfte schwer mit sich, bevor sie sich entschloß, der Einladung Folge zu leisten. Schließlich besiegte die Not, die täglich größer wurde, und auch weibliche Neugierde ihre Bedenken, sie zog ihr neues Kleid an und ging zu Frau Greifer, die sie mit den Worten empfing:

»Nur net dumm sein, Freiln Grete, er ist schon da, und ich hab ihn ganz wild auf Sie gemacht. Sei'n S' g'scheit, dann ist Ihr Glück besiegelt. Sie schwimmen im Geld und können mir auch das meinige zurückgeben.«

Dann führte sie Grete Rumfort in ein seltsam möbliertes Zimmer. Es wurde ganz von einem ungeheuer großen Diwan mit vielen Kissen beherrscht, über dem die Leda mit dem Schwan hing. Auf einem kleinen Tischchen lagen Mappen, in denen Herr Löhner eben mit hochrotem Kopf blätterte. Der große Tisch in der Mitte war weiß gedeckt. Es fehlte nicht an Kuchen und verschiedenen Likörflaschen.

Frau Greifer nahm die Vorstellung vor und ließ dann Grete mit Herrn Löhner allein.

Dieser, groß, robust, Stiernacken und verschwommene kleine Schweinsäuglein im runden Gesicht, mochte ungefähr fünfundvierzig Jahre alt sein. Er strecke Grete seine mächtige, schwarzbehaarte Hand mit vielen Diamantringen entgegen und lachte dröhnend.

»Also, Frau Greifer hat mir nicht zuviel von Ihnen erzählt. Bildschön sind Sie, bildschön und fein wie eine Prinzessin. Werden uns schon gut vertragen, was? An mir soll es nicht fehlen, ich bin gutmütig, folgsam wie ein braver Knabe und dabei nobel. Geld spielt keine Rolle bei mir! Aber sagen Sie, Fräulein Grete, ist es wahr, daß Sie noch Jungfrau sind? Frau Greifer behauptet es, aber ich kann es nicht recht glauben. Wenn man so schön ist wie Sie, ist man nicht mehr Jungfrau, was?«

Grete zitterte am ganzen Körper und hätte am liebsten die Flucht ergriffen. Dieser klotzige Riese mit den breiten, wulstigen Lippen jagte ihr Furcht ein, und seine Frage ließ ihr das Blut in die Wangen schießen. Aber vielleicht war er sonst nicht so arg, und er hatte ja betont, daß Geld bei ihm keine Rolle spiele.-- »Nicht dumm sein«, summte es ihr im Schädel, und im Bruchteil einer Sekunde kam ihr ihre schreckliche Lage zum Bewußtsein, mußte sie daran denken, daß es heute zum Abendessen nichts als einen Viertellaib Brot geben werde. Und sie der Frau Greifer Geld, viel Geld schulde, und der Zinstag vor der Tür stand, und Else heute nicht mehr in die Schule gegangen war, weil ihr einziges Kleid, das sich nicht mehr verlängern ließ, kaum bis zu den Knien reichte, was ihr einen Verweis durch die Lehrerin eingetragen hatte.

Grete nahm sich zusammen und stammelte:

»Herr Löhner, ich bitte, nicht zu vergessen, daß Sie eine Dame vor sich haben. Ich müßte sonst auf Ihre Gesellschaft verzichten.«

Löhner schien über diese Antwort hocherfreut zu sein. Er rieb sich vergnügt die Hände, lud Grete ein, sich zu setzen, bediente sie mit Kaffee und Kuchen und sagte heiser vor Aufregung:

»Das ist schön, daß Sie so streng sind, das liebe ich! Genieren Sie sich nur nicht. Wenn ich wieder unartig werde, so schimpfen Sie mich aus wie einen Buben, und drohen Sie mir mit Ohrfeigen, ich werde dann ganz folgsam sein.«

Grete hatte in der Unerfahrenheit ihrer kaum siebzehn Jahre keine Ahnung, worauf Herr Löhner hinauswollte, fand aber seine Worte so drollig, daß sie laut auflachte. Während der Jause benahm sich Löhner ganz gesittet, fragte sie nach ihren Familienverhältnissen aus, ließ sich versichern, daß sie weder verlobt sei noch einen »Freund« habe, und schien direkt gerührt zu sein, als er in Grete ein Mädchen vor sich sah, das beinahe maturiert hätte.

Grete wurde munter und froh. Dieser Herr Löhner schien ja recht gutmütig zu sein. Und reich, sehr reich. Frau Greifer hatte ihr ja gesagt, daß sie sich auf nichts einlassen müsse. Gut, sie würde versuchen, ihn recht verliebt in sich zu machen, und er würde ihr dann sicher helfen, ohne etwas von ihr zu verlangen.

Auf seine höfliche Bitte nahm nach der Jause Grete neben ihm auf dem Diwan Platz. Vorher hatte er eine der Mappen von dem kleinen Tisch genommen. Und nun rückte er dicht neben das Mädchen, begann schwer zu atmen, schlug die Mappe auf und hielt das erste der Bilder Grete hin.

Das Mädchen war starr vor Entsetzen. Ähnliche Scheußlichkeit hatte es noch nie gesehen. Nackte Weiber, die auf einen nackten Mann mit Peitschen losschlugen. Details von einer Gemeinheit, daß ihr fast übel wurde.

Sie schlug das Bild zur Seite und wollte aufspringen. Aber Löhner hielt sie mit eisernem Griff fest, preßte seine wulstigen Lippen auf ihre Wange, ihren Hals. Stammelte keuchend wirre Worte, die Grete in ihrer wahren Bedeutung gar nicht verstand. Sie hörte nur, daß dieser Riese von ihr geschlagen werden wollte und daß er ihr ein Vermögen versprach, wenn sie sich auf seinen Rücken stellen, ihn prügeln, mit Worten und Taten beleidigen würde.

»Sei'n Sie nicht dumm«, schrie er, »was ich verlange, tut Ihnen nicht weh, und es soll Ihr Schaden nicht sein.« Und dann: »Süße Jungfrau, herrliche Königin, setze deinen Fuß auf meinen Nacken – –«

Mit schwerer Mühe konnte sich Grete von ihm losreißen, eilte aus dem Zimmer zu Frau Greifer.

»Der Mann ist verrückt, Frau Greifer, wie können Sie mir zumuten, mit ihm allein zu bleiben.«

Die Krallen kamen wieder zum Vorschein.

»Tun S' Ihnen nur nix an, Freiln Grete, wenn man ein armes Mädel ist, darf man nicht so heikel sein.«

Dann, als sie sah, wie Grete fassungslos zu schluchzen begann, lenkte sie ein:

»Ich wer' halt dem Herrn Löhner sagen, daß er nicht der Richtige für Sie ist. Es gibt ja Herren genug, die froh sein werden, Ihre Bekanntschaft zu machen. Geh'n S' jetzt ruhig nach Haus, ich wer' Sie schon verständigen, wenn ich wen hab.«

Und Grete trocknete ihre Tränen, ging nach Hause, hatte kaum mehr das Gefühl, auf Sumpfboden zu gehen, sondern wartete in ihrer Not auf den »Richtigen«.

Da es so nicht weitergehen konnte, entschloß sie sich nun endlich doch, den oft gehegten und immer wieder verworfenen Vorsatz auszuführen, das hübsche, behagliche Wohnzimmer zu vermieten, so daß Mutter, Großvater und Schwester nur noch die beiden Schlafzimmer blieben.

Otto Demel war angenehm überrascht, als er Grete gegenüberstand. Ihre noch kindhafte Schönheit wirkte rührend auf ihn, er konnte den Blick von diesem feinen Gesicht mit den großen, kornblumenblauen Augen nicht abwenden, bis er sah, daß das Mädchen errötete.

Das große, mit altmodischen Möbeln aus der Biedermeierzeit ausgestattete Zimmer gefiel ihm sehr gut. Grete versicherte auf seine Frage eifrig, daß ein schönes, reines Bett hereingestellt werden würde. Und fügte lächelnd hinzu:

»Ich kann ja mit meiner kleinen Schwester sehr gut in einem Bett schlafen.«

Demel lehnte ab, erklärte, sich lieber selbst einen Schlafdiwan besorgen zu wollen, da er es vorziehe, wenigstens tagsüber die Illusion eines Wohnzimmers zu haben. Als er nach dem Preis des Zimmers mit Frühstück fragte, wurde Grete verlegen, zögerte mit der Antwort, bis sie schließlich eine für diese Zeit lächerlich niedrige Summe nannte.

Demel schüttelte den Kopf.

»Auf diese Art werden Sie es nicht weit bringen, mein Fräulein! Genau das Doppelte ist jetzt der übliche Preis für ein halbwegs anständiges Zimmer, und dieses hier ist nicht halb, sondern ganz und gar anständig. Da ich nicht die Absicht habe, mir die Unerfahrenheit von Frauen zunutze zu machen, werde ich den doppelten Preis zahlen. Ich werde schon morgen oder übermorgen einziehen.«

Grete ging an das Fenster und sah dem neuen Zimmerherrn nach. Wie freundlich, offen und munter dieser Herr Otto Demel gewesen war! Und wie gütig von ihm, freiwillig mehr zu bezahlen, als sie verlangt hatte. Was er wohl sein mochte? Nun, das würde sie ja aus dem Meldezettel erfahren.

Fröhlich vor sich hin trällend, begab sich Grete in das Nebenzimmer, in dem die übrigen Familienmitglieder gespannt harrten. Aber nur die kleine Else freute sich mit ihr.

»Fesch ist er, ich hab ihn durch das Schlüsselloch beguckt. Dir gefällt er auch, gelt? Du hast ganz rote Wangen bekommen. Glaubst du, daß er für den ganzen Monat vorauszahlen wird? Du, dann muß ich ein Kleid kriegen!«

Großpapa tobte mit gewaltigen Worten und erklärte, den Mann, der ihn seines Wohnzimmers beraube, an dem Tag, an dem die Monarchie wiederhergestellt sein würde, hinauswerfen zu wollen, und Mama weinte bitterlich.

»Nun sind wir ganz gewöhnliche Proletarier geworden! Tagsüber in Zimmern mit Betten leben müssen! Ach Gott, wenn uns mein armer Mann lieber mit sich genommen hätte!«

Die kurze Freude war von Grete gewichen, das Leben schien ihr wieder grauenvoll und unerträglich zu sein. Mit Schrecken fiel ihr ein, daß für das Mittagessen noch nichts besorgt war und etliche hundert Kronen ihr ganzes Vermögen ausmachten. Verzweifelt sah sie sich um. Da, dieser schöne, aus dem siebzehnten Jahrhundert stammende Bronzeleuchter würde nun von ihr zum Trödler getragen und für ein Spottgeld verschleudert werden müssen.

Die Wohnungsglocke läutete. Else lief hinaus, und auf dem Fuß folgte ihr, ein wenig verlegen, Otto Demel, der nun die ganze Familie vor sich versammelt sah.

»Ich hatte ganz vergessen, die übliche Angabe zu leisten. Am besten, ich zahle gleich den Zins für den Monat voraus. Und außerdem möchte ich noch etwas bemerken: Es wäre mir peinlich, wenn die Herrschaften sich nunmehr räumlich allzusehr einschränken müßten. Mein Beruf bringt es mit sich, daß ich erst um etwa zehn Uhr vormittags aufstehe, dann fortgehe, die Zeit von zwei bis längstens vier Uhr nachmittags in meinem Zimmer verbringe, um erst spätnachts wieder nach Hause zu kommen. Mein Zimmer steht Ihnen also von vier Uhr an bis weit nach Mitternacht zur Verfügung.«

Grete begleitete Demel, der ihrer Mutter die Hand küßte, hinaus. Länger, als es der gesellschaftlichen Gepflogenheit entspricht, hielt er ihre Hand in der seinen, drückte sie kräftig und sagte, während er ihr voll in das glühende Gesicht sah:

»Ich hoffe, wir werden gute Freunde werden!«

Zurück in die freudlose Gasse

Die Melchiorgasse hatte wieder ihre Aufregung. Alle die schlumpigen abgehärmten Weiber, die vormittags mit den halbleeren, zerrissenen Einkaufstaschen sich zu endlosen Disputen vor den Haustoren zu versammeln pflegen, raunten es einander zu:

»Die Marie von den Lechners ist nach Hause gekommen.«

Schauderhafte Details wurden von dem Zustand erzählt, in dem sie aus dem Allgemeinen Krankenhaus abgeliefert worden sei.

»Ganz herunter'kummen ist das Madel, Zähn sein ihr ausg'fallen, ausschauen tut s' wie eine Leich.«

»Nicht an Kreuzer Geld und kane Kleider. Da wird ja die Lechner a schöne Freud' haben!«

»Morphinistin soll s' g'worden sein! Recht g'schieht ihr! Drei Jahr' Duljäh und dann das Spital, so muß es denern Ludern gehen, die an nix denken als an die Mannsbilder!«

»A was, reden S' kan Blödsinn umanand! Pech hat s' halt g'habt, das arme Madel! Schön und jung war's, und aus derer Gassen hat s' heraus wollen! Das is doch ka Sünd net!«

Während sich so die Volksmeinung in verschiedenen Tonarten ausließ, lag Marie Lechner, die drei Jahre lang als die schöne Mary in den Wiener Nachtlokalen eine Rolle gespielt hatte, im vierten Stock des erbärmlichen Proletarierhauses Nummer 54, in der dunklen, an die Küche stoßenden Kammer auf einem zerfetzten Strohsack, allein, verlassen, fiebernd, nach einem Trunk lechzend, den ihr niemand geben konnte.

Mutterschicksal des Wiener Mädels aus der Tiefe, das das Glück oder Unglück hat, schön zu sein. Der Vater, einst ein braver, fleißiger Arbeiter, jetzt Schwerinvalide, einbeinig, einarmig, zerbrochener Kiefer, die eine Augenhöhle leer. Torso eines Menschen, im Schützengraben, in der Gefangenschaft, im Lazarett zum Halbtier geworden, das als letzte Lebensfreude den Alkohol hat und das bißchen Geld, das ihm der Staat geben kann, bis zum letzten Heller in Fusel umsetzt.

Die Mutter mit ihren knapp zweiundvierzig Jahren ein altes Weib, das frühmorgens aus dem Haus geht, um bei fremden Leuten zu waschen, spätabends auf ihren Strohsack kriecht, in der Nacht von dem heimkehrenden Trunkenbold geweckt wird, ihm, da er sich nicht allein entkleiden kann, behilflich sein muß, froh ist, wenn er ihr in einer Anwandlung von Zärtlichkeit die Schnapsflasche reicht, noch froher, wenn er nicht mit der Faust des einen Armes, der ihm geblieben ist, auf ihren wehen, dürren Körper einprügelt.

In Kriegsnot und Elend war ihnen das einzige Kind, die Marie, lieblich aufgewachsen, groß, schlank, wohlgebaut, ein roter, sinnlicher Mund, der zum Küssen lockt, kastanienbraune Haare in überreicher Fülle, lebhafte graue Augen, die von Temperament sprühen. Und dabei behutsam den Burschen und Männern aus ihrer Umgebung aus dem Wege gehend, nicht wie ihre Altersgenossinnen, die unter Haustoren, in den verlassenen Möbelwagen, die in großen Höfen stehen, im Gebüsch der Gärten sich dem erstbesten ausliefern, mit zwölf Jahren schon in alle Geheimnisse der Liebe eingeweiht sind.

Bis auch ihre Stunde schlug. Nach dem Krieg lernte die Siebzehnjährige, die mit Hilfe eines entfernten Onkels vom Lande, dem es gut ging, eine Handelsschule besucht und eben eine Stellung in einem Bureau angetreten hatte, einen eleganten Herrn kennen, dem sie willig ihre Unberührtheit schenkte. Und später eine gefällige Frau, die ihr die Wege wies, die Wege in die Champagnerlokale, Bars und Nachtcafés. Vor drei Jahren verschwand Marie aus der Kammer ihrer Mutter, tauchte als die schöne Mary in der Lebewelt auf, man sah sie im Auto, beim Rennen, in den Logen der Varietés. Nicht weit von der Melchiorgasse 54 und von diesem Haus, doch durch Welten getrennt, hatte sie ihre Wohnung. Und mehr als hundertmal erzählte ihre Mutter neidvoll und doch mit Zärtlichkeit im Unterton:

»Der Marie geht's fein! Sie geht mit die nobelsten Herren und trinkt mehr Champagner als unsereins Malzkaffee. Sehen tu' ich sie ja nie, aber die Leut erzählen mir von ihr.«

Und nun war sie wieder in der Melchiorgasse bei der Mutter und spuckte Blut auf den Fetzen, der ein Kissen bildete, und hatte entzündete Augen und Geschwüre am Körper.

Was eigentlich mit Mary, die jetzt wieder Marie hieß, geschehen war, wußte Frau Lechner nicht. Das Mädchen war aus dem Frauenspital nach Hause gebracht worden, hatte wirr aufgelacht und mit der heiseren Stimme der Unglücklichen, denen Amor das Blut vergiftet, geflüstert:

»Sie laßt mich nicht los, die Melchiorgassen, sie hat mich wieder, die verfluchte Gassen. Mutter, schreib auf das Holzkreuzel am Grab:

Geboren, zur Dirne geworden und krepiert in der Melchiorgassen.«

Angesichts dieses Häuflein Elends war sogar dem Invaliden der Rausch verflogen, er hatte nicht geschimpft und dreingeschlagen, sondern die Hand seiner Frau gepackt und stumm gelauscht, wie die Marie im Traum aufschrie und unzusammenhängende Worte stammelte.

Am anderen Tag hatte die Melchiorgasse eine noch kräftigere Sensation. Als Frau Lechner abends vom Waschen nach Hause kam, traf sie vor dem Haus Nummer 56 die Frau Greifer, die, den fetten Leib in einen Pelzmantel gehüllt, eben ein Autotaxi besteigen wollte. Mit einem gellenden Wutschrei stürzte die Wäscherin auf sie los und schrie, daß man es in allen umliegenden Häusern hören konnte:

»Koberin, verfluchte, Sie tragen an Pelz und fahren im Automobül, und mein armes Madel verfault bei lebendigem Leib auf'm Strohsack! Ins Zuchthaus g'hören S', Sie Zutreiberin, die was unsere Kinder verkauft! Anzeigen werde ich Sie bei der Polizei. Sie Luder, Sie!«

Der Taxichauffeur verhinderte die Lechner, der Frau Greifer in die Haare zu fahren, und die Wäscherin kroch, von johlenden Kindern verfolgt, ihrer Behausung zu, um der Mary, die jetzt Marie hieß, aber von der Mutter schon wieder Maritscherl genannt wurde, eine Suppe mit einem Ei zu kochen. Die Knochen für die Suppe hatte sie von der Köchin des Hauses, in dem sie gewaschen hatte, geschenkt bekommen, das Ei aber sozusagen gestohlen. Der liebe Gott, der angeblich alles sieht, hat sicher zu diesem Diebstahl freundlich gelächelt.

Am nächsten Morgen, es war ein Sonntag, an dem nicht gewaschen wird, erschien in aller Früh Fräulein Henriette, die Direktrice des Schneidersalons bei Frau Greifer, bei der Lechner, schauderte bei dem Anblick der Kranken, bekreuzte sich und redete dann heftig auf die Mutter ein. Die Unterredung endete damit, daß Frau Lechner zehn Scheine zu je 50 000 Kronen erhielt, die sie sofort tief in den Strohsack ihres Bettes vergrub, damit der Gatte, der eben seinen Rausch ausschlief, sie nicht finde. Und dann das Fräulein Henriette zur Tür begleitete und ihr einen Handkuß für die Frau Greifer auftrug.

Arme Leute dürfen sich den Luxus des Ehr- und Rachegefühls nicht leisten. Auch das ist nur für die Reichen.

Lucrezia Borgias Gäste

Dem Rechtsanwalt Dr. Karl Leid saß in der Kanzlei eine Dame gegenüber. Nicht mehr in der Blüte der ersten Jugend, war Frau Liane Christens doch noch eine schöne, sehr schöne Frau sogar. Ein paar silberweiße Fäden in den schwarzen Haaren erhöhten deren Pracht, noch wies das ernste, fast klassisch geschnittene Gesicht kein Fältchen auf, und aus dem feingeschwungenen Mund leuchteten schneeweiße, vielleicht etwas zu große Zähne. Frau Christens, die Gattin des berühmten Wiener Porträtisten Aristo Christens, war fünfunddreißig, ihre geschmeidige vollschlanke Figur hätte aber auch noch einer Fünfundzwanzigjährigen alle Ehre gemacht.

Freundlich, mütterlich lächelnd, hörte sie die Worte des Rechtsanwaltes an, der verbittert sagte:

»Ich stehe Ihren Mitteilungen fassungslos gegenüber. Immer galt mir Ihre Ehe als vorbildlich, immer freute ich mich, wenn ich mit Ihnen beiden zusammenkam: Ihre Ehe war mir ein Beweis gegen die Behauptung, daß die Ehegemeinschaft auf geistig hochstehende Menschen zerstörend wirken müsse. Und nun kommen auch Sie, reihen sich den Hunderten an, die vor Ihnen in diesem Fauteuil saßen und aufgeschrien haben: Erlösen Sie mich von den Fesseln meiner Ehe!«

»Sie irren, lieber Doktor, ich schreie nicht und spreche nicht von Fesseln. Ich liebe meinen Mann noch immer, und eben deshalb muß ich fort von ihm, weil ich ihn durch meine Liebe nicht quälen und den Tag nicht erleben will, an dem meine Liebe sich doch in Haß wandeln könnte.

Eigentlich wollte ich nur den Rechtsanwalt Leid aufsuchen, aber ich sehe, daß ich auch dem Menschen Leid eine Erklärung schulde. Also will ich Ihnen erzählen, warum ich meine Ehe mit Aristo Christens scheiden lassen muß.

Wir haben vor genau achtzehn Jahren geheiratet. Ich ein unschuldiges, klösterlich erzogenes Ding von siebzehn, er ein aufgehender Stern am Künstlerhimmel und um zehn Jahre älter als ich. Obwohl ich reiche Erbin war, auch von seiner Seite nichts als eine Liebesheirat. Die ersten Jahre war ich ihm alles, sein Idol, seine Geliebte, sein Modell, seine Beraterin, der einzige Kritiker, auf dessen Urteil er etwas gab. Dann kam das, was kommen mußte: Der gefeierte Maler, von den Frauen seiner Kunst, seines Geistes, seiner männlichen Schönheit halber gefeiert und geliebt, betrog mich. Ich sah es und – litt nicht übermäßig darunter. Sah ein, daß ein Mann wie Christens Abwechslung auch in der Erotik haben muß, wenn er nicht verkümmern und versimpeln will, drückte beide Augen zu, machte keine Szenen, zog mich nur immer, wenn er eine Affäre hatte, in mein eigenes Schlafzimmer zurück, bis er eines Nachts stürmisch Einlaß begehrte, vor mir niederkniete, seinen Kopf in meinen Schoß vergrub und mich um Verzeihung bat. Dann gehörte er wieder mir, mir ganz allein.

Das ging so durch die ganzen Jahre, und unsere Kameradschaft wurde in dem Maße inniger, als sich unsere erotischen Beziehungen lockerten.

Auch das nahm ich als selbstverständlich hin. Eine Frau gibt sich aus, der Mann erneuert sich! Die Natur selbst hat es ja so gewollt, sonst würde die Frau von vierzig nicht steril sein, während der Mann noch mit sechzig Kinder zeugen kann. Unsere Ehe blieb kinderlos – auch das spielt eine Rolle, macht es begreiflich, daß mein Mann sich, den niemand Vater nennt, als ewiger Jüngling fühlt.

So wäre unsere Ehe vielleicht friedlich bis zur silbernen und goldenen Hochzeit gediehen, wenn nicht vor einigen Monaten das Verhängnis in Gestalt einer jungen dänischen Baronesse, die mit ihren Eltern nach Wien übersiedelt ist, gekommen wäre. Aristo hat sich mit der ganzen Kraft und Leidenschaft des reifen, überreifen Mannes in das allerdings herrliche Kind, das ein Vierteljahrhundert jünger ist als er, verliebt. Nicht um einen Flirt, um eine Liebelei, eine kleine Liaison handelt es sich diesmal, sondern um eine ganz große gewaltige Leidenschaft, die voll und ganz erwidert wird. Und das allerdings kann ich nicht ertragen, ohne innerlich zu verbluten. Abgesehen davon – ich liebe Aristo so sehr, daß ich nicht seinem neuen Glück, seiner neuen Jugend im Wege stehen will. Ich vertrage Auseinandersetzungen nicht, Herr Doktor, habe daher kein Wort von einem Entschluß meinem

Mann gegenüber geäußert. Nur den Wunsch ausgesprochen, jetzt allein auf einige Wochen nach Italien zu fahren. Aristo hätte fast aufgejubelt, als ich ihm diese Mitteilung machte. Auch das kann ich begreifen, denn es muß peinlich und schwer sein, mit bösem Gewissen neben einem Menschen zu leben, den man geliebt hat.

Sie, Herr Doktor, bitte ich nun, in meiner Abwesenheit die erforderlichen Schritte zur Trennung unserer Ehe zu tun. Ich nehme gerne alle Schuld auf mich. Böswilliges Verlassen oder was Sie sonst wollen. Von Venedig aus werde ich meinem Mann ausführlich die Beweggründe meines Entschlusses mitteilen.«

Tief ergriffen hatte Dr. Leid zugehört. Unwillkürlich nahm er dann die feine, weiße, schlanke Frauenhand, drückte einen Kuß auf sie und sagte:

»Und was wollen Sie tun, wenn die Trennung vollzogen sein wird?«

»Nun, ich werde dann wohl recht einsam und allein sein. Immerhin, ein paar Freunde werden mir bleiben, und ich hoffe, daß Sie zu ihnen zählen werden.«

Warm blickte Karl Leid der Frau, um deren Mund es jetzt zuckte, ins Gesicht. Eigener Schmerz fand seinen Bruder.

Jäh sprang Frau Liana Christens auf.

»Nun muß ich nach Hause eilen und mich für das Künstlerfest kleiden. Sie wissen wohl, eine Gruppe von Malern, mein Mann an der Spitze, hat ein großes Kostümfest im Künstlerhaus arrangiert, das unter der Devise: ›Lucrezia Borgias Gäste‹ steht. Er würde sich kränken und ärgern, wenn ich nicht dabeisein wollte.«

Der große Saal des Künstlerhauses war von den Malern ganz im Stil der Borgia-Zeit ausgestattet, was Wien an großer Gesellschaft aufzuweisen hat, war vertreten, sinnberückend die Farbenpracht der Gewänder, das Gold und Silber der Stickereien, die violette Seide der Kardinäle, die weißen spitzenbesetzten, mit goldenen und silbernen Stickereien gezierten Ornate der hohen Geistlichkeit und der päpstlichen Hofbeamten. Und überall im Saal wehten Flaggen in den Farben der Borgia, der Städte Rom und Neapel und des Hauses von Aragon.

Auch die Damen hatten natürlich das Möglichste an Pracht geleistet. Wundervolle, im Stil gehaltene Kostüme aus Samt und Seide schmiegten sich um die Gestalten schöner Frauen, die nach der Sitte der damaligen Zeit die Nacken, die Büsten und den Rücken bis zur Grenze der Möglichkeit entblößt hatten. Ein Meer von Brillanten und Edelsteinen, wallenden Federn, Elfenbein und Blumen flutete hin und her.

Lucrezia Borgia wurde von Regina Rosenow repräsentiert, die sündhaft schön war. Sie trug ein weißes perlengesticktes Gewand, ihre roten

Locken wallten offen herab, sie sah wahrhaftig so verführerisch aus wie ihr berühmtes und berüchtigtes Vorbild. In ihrer Begleitung befand sich fast ununterbrochen Egon Stirner, im Gewand eines Nobile, während sich Otto Demel, sein Begleiter Horak, alias Hort, und viele andere Herren damit begnügt hatten, den Stil der Borgia-Zeit flüchtig zu markieren.

Der Maler Aristo Christens sah als Cesare Borgia prachtvoll aus, und auch seine Frau, die ihm zuliebe noch dieses Fest mitmachte, erregte als Edelfrau vom Hofe von Aragon durch ihre vornehme Schönheit Aufsehen.

Egon Stirner hielt in dieser Nacht Regina Rosenow so vollständig in seinem Bann, daß sie gegen alle die Herren, die ihr huldigend nahten, fast schroff abweisend war. Ihr Sinne flogen dem schönen schlanken Mann zu, ihr Instinkt witterte in ihm den wahren Gefährten, Zuchtwahl im Unterbewußtsein trieb sie zu ihm hin.

Er nutzte seine Macht, warb um sie mit heißen, lockenden Worten und dem Spiel der Augen.

Plötzlich, unvermittelt fast, sah ihm Regina voll ins Gesicht und sagte scheinbar ganz kühl:

»Ich möchte mich nie mit einem Mann verpflichtend binden, ohne ihn ganz und restlos erkannt zu haben. Übermorgen werde ich unter dem Vorwand, Erholung zu brauchen, in Begleitung meiner Zofe auf den Semmering fahren. Morgen bestelle ich im Hotel Panhans ein Appartement. Sorgen Sie dafür, daß Ihre Zimmer nicht zu weit von den meinen entfernt sind. Eine Woche werden Sie wohl Urlaub bekommen.«

Einen Augenblick war Stirner vor Staunen über diese unverhüllte Aufforderung sprachlos, dann preßte er die zuckende heiße Hand an seine Lippen. Regina gab sich wieder Haltung.

»Richtig, Papa erzählte mir, daß Sie den ganzen Mammon, den Sie an der Börse erobert haben, wieder hergeben mußten. Stimmt das?«

»Nicht ganz, einiges ist mir schon noch geblieben. Und wenn schon? Schwimmt auf der Welt das Geld nicht in Billionen umher? Verlassen Sie sich darauf, ich werde meine Netze wieder auswerfen und den großen Fischzug tun.«

»Das Bild ist nicht glücklich gewählt, Egon! Unwillkürlich kam ich mir in diesem Augenblick selbst wie ein Goldfisch vor, der in Ihrem Netz zappelt. Aber schließlich – ich bin glatt, und jedes Netz hat Maschen.«

Während so zwei Menschen ihrem Schicksal entgegengingen, fanden sich der Journalist Otto Demel, sein Freund, der angebliche Gutsbesitzer Hort, und Frau Liane Christens an einem kleinen Tisch bei einer Flasche Champagner zusammen. Das Gespräch drehte sich zuerst um die bevorstehende Italienreise der Frau Liane, dann um Dr. Leid.

»Ich habe ihn heute zum erstenmal nach dem schrecklichen Ereignis wiedergesehen und bin erschrocken. Er sieht erbärmlich aus und scheint über die Geschichte nicht hinwegkommen zu können. Er ist einer der feinsten und gütigsten Menschen, die ich kenne, und es tut mir weh, ihn so leiden zu sehen.«

Otto Demel nickte.

»Nicht nur, daß er seine unglückliche Frau nicht vergessen kann, der Gedanke, daß der Mörder straflos umhergeht, bereitet ihm unendliche Qualen. Neulich erst hat er mir ernsthaft versichert, er würde mit Freuden sein ganzes Vermögen hergeben, wenn dadurch die Entdekkung des Mörders gefördert werden könnte.«

Horak hatte schweigend das Gespräch verfolgt, nur seine Augen waren unruhig hin und her geflackert, hefteten sich abwechselnd auf das feine Gesicht der Frau Christens und auf eine wundervolle Perlenschnur, die sich um den schlanken Hals und die im Schimmer der weiblichen Reife prangenden Brüste legte. Einen Augenblick preßte er die Hand auf die Stirne, dann war sein Entschluß gefaßt.

»Ich sehe, daß gnädige Frau dem Rechtsanwalt eine gute Freundin sind. Und außerdem habe ich, obwohl ich gnädige Frau kaum eine halbe Stunde kenne, den Eindruck, in Ihnen eine ganz außergewöhnliche Intelligenz und absolute Vertrauenswürdigkeit vor mir zu haben. Daher entschließe ich mich, meine Maske fallen zu lassen. Ich bin nicht der Gutsbesitzer Hort, sondern der simple Kriminalbeamte Josef Horak, den der Herr Redakteur in seine Kreise eingeführt hat. Ich bin nämlich hinter einem Wild her, und dieses Wild ist niemand anderer als der Mörder der Lia Leid. Und nun, gnädige Frau, eine Frage, um deren aufrichtige, offene, freimütige Beantwortung ich bitte: Würden Sie persönliche Anstrengungen und Opfer, ja vielleicht sogar Gefahren scheuen, wenn es sich darum handelt, den Mörder der Lia Leid zur Strecke zu bringen?«

Frau Christens war leicht errötet und erwiderte fest und lebhaft:

»Nein, durchaus nicht! Mir wäre kein Opfer zu groß, wenn ich dadurch Doktor Leid, den ich als Menschen und Freund verehre und schätze, von seiner Seelenqual befreien könnte.«

»Dann bitte ich Sie, sich als freiwillige Detektivin in den Dienst der Sache zu stellen. Gnädige Frau fahren übermorgen nach Italien. Wie Sie selbst gesagt haben, wollen Sie, von Venedig ausgehend, eine

Rundreise durch alle sehenswerten Städte machen. Sie haben auch erwähnt, daß Sie nicht perfekt, aber doch recht gut Italienisch sprechen. Vor allem aber, und das ist für mich das Wichtigste, Sie haben eine herrliche Perlenschnur, die, wenn ich mich nicht täusche, einen ganz außerordentlich hohen Wert repräsentiert. Ich irre mich nicht? Gut, dann ist alles in Ordnung. Ihre Aufgabe wird es sein, in Venedig, Mailand, Florenz und allenfalls noch in Rom mit Hilfe Ihrer Perlen nach dem Mörder zu fahnden. Leicht wird das nicht sein, gnädige Frau. Sie werden in diesen Städten eine Rolle spielen müssen, und zwar die Rolle der abenteuernden Frau! Ich sehe, daß Sie, im Gegensatz zu allen anderen Damen, kein Lippenrouge, keine Schminke aufgelegt haben. In Venedig, Mailand, Florenz und Rom werden Sie dies zu gewissen Stunden tun müssen. So sehr, daß, wenn Sie zudem noch ihre Toilette auffallend genug gestalten, niemand zweifeln wird, es mit einer jener umherziehenden Abenteuerinnen zu tun zu haben, die heute Juwelen haben, morgen sie verkaufen müssen, und denen sogar ein kleines Geschäftchen mit Verbrechern zuzutrauen ist. Genaue Instruktionen muß ich mir selbst erst ausarbeiten und werde so frei sein, sie Ihnen morgen zu übermitteln.«

Otto Demel verglich unwillkürlich das Leben mit einem Filmstück. Das Gesicht der Frau Liane war von Freude und Erregung übergossen. Sie streckte dem Beamten die Hand entgegen und sagte ehrlich begeistert:

»Nicht ich werde Ihnen einen Dienst erweisen, sondern Sie mir! Aufrichtig gesagt: Mir graute ein wenig vor dieser Reise, die, ohne Ziel und Zweck, nur meine Gedanken betäuben sollte. Und nun hat sie Ziel und Zweck, birgt Geheimnisse und Abenteuer in sich, die ich, ohne mir etwas zu vergeben, wagen darf.«

Die Mädchenfalle

Otto Demel fühlte sich in seinem neuen Heim sehr behaglich. Nichts in seiner Umgebung sah nach professioneller Zimmervermietung aus, bürgerliche Wohlanständigkeit umgab ihn, seine kleinen Wünsche wurden eifrig erfüllt, sein Schreibtisch in Ordnung gehalten. Und immer, wenn er Grete sah, freute er sich ihrer Lieblichkeit.

Zwischen ihnen hatte sich eine herzliche Kameradschaft entwickelt, er lieh ihr Bücher, über die sie dann kluge Worte sprach, oft, wenn er nachmittags nach Hause kam, unterhielt er sich die ganzen zwei Stunden, die eigentlich seiner Arbeit gewidmet waren, mit ihr, und wenn sie dann ihm gegenüber saß und ihn mit ihren großen schönen Augen fragend ansah, hatte er das Empfinden, in Grete das Mädchen zu sehen, wie es ihm in seinen Jugendjahren als Ideal erschienen war.

Der Journalist hatte in den letzten Jahren ein recht tolles Leben geführt, sich fast ausschließlich unter Menschen bewegt, die mit ihrer Zeit gehen und aus einer früheren Epoche stammende Begriffe von Moral über Bord geworfen haben. Seine vielfachen Erfahrungen mit den Frauen und Mädchen der neuen Gesellschaft waren nicht dazu angetan, ihn die Weiblichkeit von heute besonders hoch schätzen zu lassen, er sah fast nur unglückliche, innerlich zerbrochene Ehen um sich, die Mühelosigkeit, mit der sich junge verheiratete Frauen erobern ließen, jagte ihm geradezu Angst vor der Ehe ein. Lia Leid, Regina Rosenow – das waren für ihn die Frau, das Mädchen von heute.

Trotzdem, mitunter keimte in ihm der Gedanke, daß Grete Rumfort aus anderem Holz geschnitzt sei, daß sie nicht jenen Mädchen gleiche, die ihm aus Habgier, Koketterie, verspielter Sinnlichkeit und Frivolität zusammengesetzt zu sein schienen. Aber er drängte solche Gedanken immer wieder zurück, nannte sich einen Narren, weil er nicht die Gelegenheit beim Schopf nahm, nicht versuchte, das schöne liebreizende Ding zu seiner Geliebten zu machen.

Immer, wenn er in einer traulichen Stunde dicht neben ihr saß und ihn die Versuchung überkam, Grete an sich zu ziehen, hielt ihn eine seltsame, ihm selbst unerklärliche Scheu davon zurück. Erinnerungen an sein längst verstorbenes Schwesterchen, an seine Mutter tauchten in ihm auf, ließen ihn gerade diesem armen hilflosen Kind gegenüber schüchtern werden.

Von den Sorgen Gretes, von ihrem verzweiflungsvollen Kampf gegen die dunklen Mächte, die nach ihr griffen, hatte er keine Ahnung. Ja nicht einmal davon, daß er der einzige Lichtpunkt im Dasein Gretes war, daß das Mädchen ihn von Tag zu Tag heißer und inniger liebte.

Die Situation der Familie Rumfort wurde immer trostloser. Otto Demel zahlte für das Zimmer mit Frühstück und Beleuchtung anderthalb Millionen monatlich, wovon an städtischen Abgaben, dem Material für das Frühstück, Wäsche und Strom mindestens eine halbe Million abging. Eine Million im Monat ist eine ganz hübsche Zugabe für Leute, denen sie Nebeneinkommen ist, aber fast nichts für eine Familie von fünf Personen, die davon leben soll.

Die Not wurde nach und nach so groß, daß Grete, auf die sich alle stützten, den Kopf verlor und in Verzweiflung geriet. Fast der ganze von Demel bezahlte Mietbetrag ging jedesmal auf Kleider und Schuhe für die beiden Kinder auf, man war dem Bäcker und Fleischer Geld schuldig, der Besuch des Gas- und Stromkassiers wurde jedesmal zur Katastrophe, und immer wieder mußte Grete zur Frau Greifer laufen und sie demütig um ein weiteres kleines Darlehen anflehen. Frau Greifer gab, aber mit immer härterer Hand, mit immer unverhüllteren Worten. Das letztemal hatte sie es rundheraus gesagt:

»Freil'n Grete, das war das Letzte, was ich hergeb, und jetzt müssen Sie bald an das Zurückzahlen denken. Wissen Sie, was Sie mir schuldig sind? Ich hab alles genau aufgeschrieben: Zehn Millionen! Sie brauchen nicht zu erschrecken, das ist eine Kleinigkeit, wenn Sie wollen. Sie brauchen einen reichen Freund, der wird gerne Ihre Schulden zahlen. Sein S' net dumm, sonst werde ich bös und muß schauen, daß ich auf andere Weise zu meinem Geld komm. So wie mit dem Herrn Löhner wer'n mir das nicht mehr machen. Ich wer' Ihnen Gelegenheit geben, sich einen Kavalier auszusuchen. Nächste Wochen geb ich einen Abend, da kommen die feschesten jungen Damen und reichsten Herren zu mir. Ich wett mit Ihnen, daß Sie selbst zu mir sagen wer'n: Frau Greifer, der da gefällt mir, mit dem tät ich gehen! Wissen S', mir wer'n lebende Bilder stellen, das haben die Herren gern, und da können die Damen zeigen, wie schön sie sind. Sie wer' ich als Nymphe kleiden, passen S' nur auf, wie da die Männer auf Sie fliegen wer'n.«

Grete schnürte es die Kehle vor Angst zu. Sie wußte, daß Frau Greifer ein schändliches Gewerbe ausübte, sie wußte, daß ein solcher Besuch bei der Frau furchtbare Gefahren für sie barg. Aber sie hatte nicht mehr die Kraft, sich zu wehren, die Sorge um das Brot war so übermächtig, daß sie in dumpfer Resignation die Augen schloß.

Die ganzen Tage, die nun folgten, wälzte sich der Gedanke in ihrem Kopfe, was wohl Otto Demel zu all dem sagen würde. Sie selbst, das Bewußtsein, ihre Mädchenehre zu gefährden, standen im Hintergrund, der Mann, den sie liebte, beherrschte ihr ganzes Empfinden. Hier und da fragte sie sich, ob sie nicht Demel alles erzählen sollte. Aber nein, das ging nicht! Er würde ihr dann sicher Geld anbieten – und, lieber von fremden Männern Geld nehmen als von ihm, den sie liebte!

Der Tag kam, und Grete, die sonst nie abends das Haus verließ, belog zum erstenmal ihre Mutter, erzählte von einem Besuch, den sie einer Schulfreundin machen wolle.

Um neun Uhr ging sie zur Frau Greifer hinüber. Dort waren schon die Mädchen versammelt. Lauter bildhübsche junge Dinger mit grellrot geschminkten Lippen und Wangen, Mädchen aus einer Sphäre, die Grete nur vom Hörensagen kannte.

Wie im Traum hörte Grete bei der Vorstellung durch Fräulein Henriette Namen wie Dolli, Putzi, Mädi, Alma, Lulu. Wie im Traum ließ sie sich das Kostüm anziehen, in dem sie so schön aussah, daß alle diese Mädchen sie bewunderten.

Herren kamen, alte, junge, schlanke und dicke, wie im Traum hörte Grete Namen murmeln, willenlos trank sie Champagner und Likör, knabberte an Brötchen und Bäckereien, ging mit einem anderen, als Schäfer gekleideten Mädchen auf das Podium, hörte Beifallsraunen, beantwortete Fragen der Männer mechanisch, wurde aber abwehrend, wenn sich Hände ihrer bemächtigen wollten.

Szenen begannen sich vor ihr abzuspielen, die sie mit Entsetzen erfüllten, sie die Augen schließen ließen.

Einem klobigen dicken Herrn gab sie auf seine unverblümten Fragen keine Antwort, bis er achselzuckend mit beleidigenden Worten sie stehen ließ. Ein anderer, der vorhin mit Frau Greifer über sie gesprochen hatte, setzte sich zu ihr, stellte sich als Dr. Wurm vor. Ein eleganter magerer Mann in mittleren Jahren, mit Habichtnase und einem ausgesprochenen Raubtiergebiß. Unvermittelt begann er:

»Sie passen wahrhaftig nicht hierher. Sie machen den Eindruck eines anständigen jungen Mädchens, wie sind Sie in diese Gesellschaft geraten?«

Der menschliche Ton, den er anschlug, löste die Starrheit. Grete biß die Zähne zusammen, schlug die Fingernägel in die Handballen, um die Tränen zurückzudrängen, und antwortete:

»Wie ich hierherkomme? Wahrscheinlich so, wie alle diese Mädchen: Not, Kummer und Geldsorgen lassen mir keine Wahl!«

Dr. Wurm schüttelte den Kopf. Er rückte näher, ergriff ihre Hand, lehnte, scheinbar zufällig, seinen Körper an den Leib des schönen jungen Mädchens.

»Nein, Sie dürfen sich mit den anderen da nicht vergleichen! Ich bin Frauenkenner genug, um bei Ihnen die gute Rasse und Erziehung zu wittern. Die anderen kommen von unten, für sie bedeutet die Aufnahme in den Zirkel der Frau Greifer eine Erhöhung. Ihnen ist sie ein Abstieg. Aber ich kann es mir ja vorstellen: Es geht Ihnen schlecht, Sie haben keine Stellung, sind der Frau Greifer Geld schuldig? Zehn Millionen? Na, das ist ja nicht so schlimm. Wenn Sie nett zu mir sind, so werde ich vielleicht Ihre Schulden zahlen und weiterhin für Sie sorgen. Überlegen Sie es sich – ich suche gerade jetzt eine Freundin. In einigen Tagen gibt Frau Greifer wieder einen solchen Abend, aber einen lustigeren, bei dem es hoch hergehen soll. Wir werden uns hier treffen und uns dann in ein Zimmer zurückziehen.«

Grete wollte aufspringen, wurde aber von ihm zurückgehalten.

»Nun ja, wir werden uns zurückziehen, um alles gemütlich zu besprechen. Ich werde auch das notwendige Geld mitbringen. Heute kann ich Ihnen nur so gewissermaßen einen kleinen Vorschuß geben. Hier, da ist eine Million, vielleicht genügt das für die paar Tage.«

Grete wollte sich losreißen und ihm die zwei Banknoten ins Gesicht werfen. Aber sie hatte nicht mehr die Kraft dazu. Berauschte sich an dem Wort »Millionen«, sah, wie sie morgen Fleisch kaufen, wie Else und Erich mit Heißhunger essen würden, sie sah Sorgen von sich abfallen.

Dieser Mann wollte ja der Frau Greifer die zehn Millionen geben und ihr weiterhelfen! Sie würde schon mit ihm fertigwerden, würde schon nicht tun, was sie nicht vor sich verantworten könnte. Vor sich und Otto Demel.

Otto! Ein glückliches Lächeln flog über ihr erhitztes verängstigtes Gesicht, und sie sagte leise:

»Ich werde mir das noch überlegen und jetzt nach Hause gehen.«

Dr. Wurm war zufrieden. Sein sicherer Blick täuschte ihn nicht. Dieses bildschöne Mädchen war wirklich noch eine Unschuld und würde eine reizende Geliebte werden. Auf ein paar Wochen, dann gehörte sie wieder der Frau Greifer. Der Champagner würde schon seine Wirkung tun.

Grete schlief bis zum Morgen schwer und traumlos, erwachte mit Kopfschmerzen und war unglücklich wie noch nie in ihrem Leben. So sehr, daß ihr verstörtes Wesen Otto Demel auffiel. Teilnahmsvoll fragte er, Grete wurde weich, ein Zittern ging durch ihren Körper, ein Augenblick noch und Demel würde alles erfahren haben. Dieser Augenblick kam aber nicht, denn ein Depeschenbote mit einem Telegramm für Demel verjagte ihn.

Die Depesche enthielt die Mitteilung, daß einer Besuchsreise des Journalisten nach dem Ruhrgebiet nichts im Wege stehe. Demel teilte dies Grete mit und bat sie, freudig erregt, ihm beim Packen seines Handkoffers behilflich zu sein. Er würde heute noch abreisen und erst in ungefähr zehn Tagen zurückkommen. Und er war so von Berufseifer erfüllt, daß er das Erbleichen des Mädchens nicht sah.

In den gelesensten Zeitungen von Venedig, Florenz, Mailand und Rom war in Fettdruck ein Inserat folgenden Wortlautes erschienen:

Außergewöhnlich schöne Perlenschnur aus 220 großen Perlen, tadellos in Form und Farbe, ist unter der Hand aus ausländischem Besitz zu verkaufen. Mitteilungen unter »Diskret« an die Annoncenexpedition Fratelli Macchi in Mailand.

Den Text dieser Annonce hatte Josef Horak entworfen, wie Frau Christens überhaupt genau nach seinem Kriegsplan vorging.

Sie war ohne Aufenthalt nach Mailand gefahren, hatte dort der Annoncenexpedition das Inserat für zehn Zeitungen mit dem Auftrag übergeben, die Antworten an das Hotel Danieli in Venedig weiterzusenden, wo sie Aufenthalt nehmen würde.

Nun befand sie sich schon seit acht Tagen in Venedig, das um diese winterliche Jahreszeit nicht so sehr mit Fremden gefüllt war wie sonst, besah in Ruhe alle Sehenswürdigkeiten und harrte der Entwicklung der Dinge. Die Mission, die sie übernommen hatte, erschien ihr als Wohltat, da sie von Einsamkeit und Trauer erfüllt war und, hätte sie die Reise ohne Zweck unternommen, sie ihre Ruhelosigkeit von Ort zu Ort getrieben haben würde.

Rechtsanwalt Dr. Leid hatte ihr ausführlich über ihre Eheangelegenheit berichtet. Christens war von ihrem hinterlassenen Brief sowie von den Mitteilungen Leids schwer erschüttert gewesen, hatte aber schließlich eingesehen, daß eine reinliche und friedliche Trennung für beide Teile das Beste wäre. Natürlich war er bereit, alle Schuld auf sich zu nehmen, so daß einem raschen Verlauf des Prozesses nichts im Wege stand. Und da sie beide Protestanten waren, würde die Ehetrennung beiden Teilen Freiheit geben.

Dem mit Schreibmaschine geschriebenen nüchternen Bericht folgten eigenhändige Zeilen des Rechtsanwaltes, die warm und freundschaftlich gehalten waren. Frau Christens hatte lächeln müssen, als sie den Brief las. Da schrieb ein Einsamer einer anderen Einsamen, einer mit zerfleischtem Herzen einer Frau, deren Seele blutete. Wie sich wohl das Leben noch für ihn und für sie gestalten würde?

Die Annoncen taten ihre volle Wirkung. Aus ganz Italien liefen Anfragen ein, teils von Juwelieren, teils von Privatpersonen. Aber Personen, die ihren Namen und die Adresse angaben, Juweliere, die auf ihrem Geschäftspapier schrieben, konnten kaum gewerbsmäßige Hehler sein.

Eben hatte der Portier ihr wieder ein ganzes Bündel Briefe hinaufgeschickt, und Frau Christens verlor fast den Mut, während sie einen nach dem anderen in das flackernde Kaminfeuer warf, da es sich immer wieder um unverdächtige Offerten und Anfragen handelte.

Erst der letzte, den sie öffnete, erregte ihre volle Aufmerksamkeit. Er trug den Poststempel Genua und lautete in deutscher Übersetzung:

»Falls es sich wirklich um einen Gelegenheitskauf und eine diskrete Angelegenheit handelt, werden wir uns wohl verständigen können. Bitte mir umgehend mitzuteilen, wo wir uns treffen können. Schreiben Sie expreß an Giovanni Ambrosi, poste restante, Genua.«

Dies schien immerhin eine Möglichkeit zu sein, und Frau Christens antwortete sofort, daß sie am nächsten Tag nach Genua fahren und dort im Hotel Britannia absteigen werde. Man möge nach Frau Anna Müller fragen.

Frau Christens fuhr aber nicht, wie sie geschrieben hatte, am folgenden Tag, sondern noch in dieser Nacht und traf frühmorgens in Genua ein, wo sie im Hotel Britannia abstieg und ihr Äußeres zu verändern begann. Rote Schminke, gelblicher Puder, ein Kohlenstift, Lippenrouge, Parfüm, ein auffallendes Kleid in grellen Farben, das sie sich noch in Wien eigens hatte machen lassen, und aus der vornehmen, distinguierten Frau Liane Christens war eine unzweideutige Halbweltdame geworden.

Vergnügt musterte sich Frau Christens im großen Ankleidespiegel, war sehr zufrieden und nahm dann mit Hilfe von Wasser, Seife und Alkohol ihr normales Exterieur an. Eine Rundfahrt durch das herrliche Genua, ein Besuch von Nervi mittels Auto beschlossen den Tag. Frau Christens begab sich frühzeitig zu Bett, um am nächsten Tag im Besitz ihrer vollen geistigen und körperlichen Kräfte zu sein.

Der Zug von Venedig kam um neun Uhr in Genua an, das Hotel Britannia liegt dicht neben dem Bahnhof, also war es wahrscheinlich, daß der Signore Giovanni Ambrosi gegen zehn Uhr vorsprechen würde.

Dem war auch so. Nur daß ihr kurz nach zehn Uhr der Portier nicht den Besuch eines Herrn, sondern zweier Herren meldete.

Sie betraten gleich darauf das Zimmer der Frau Anna Müller aus Wien, wie sie sich in das Fremdenbuch eingetragen hatte. Einer klein, kugelrund, mit Mopsnase, fidelen runden Augen, einem runden kleinen Mund und einem erheblichen Bäuchlein. Und einer zaundürr, mit unruhig flackernden Augen und kahlem Schädel.

»Welcher von den Herren ist Signore Giovanni Ambrosi?« fragte Frau Liane.

Der Runde gab die Antwort:

»Keiner von uns. Wir sind seine Vertrauensleute und Freunde. Herr Ambrosi ist derzeit nicht in Genua. Er ist ein großer Sammler von Juwelen, und wir sind befugt, für ihn einzukaufen. Herr Ambrosi hat Ihre Annonce im ›Corriere della Sera‹ gelesen und interessiert sich für die Perlen. Wollen Sie uns die Schnur zeigen?«

Frau Christens griff nun tief in ihren Busenausschnitt und holte die in Seidenpapier gewickelte Perlenschnur hervor, nach der der Lange griff, um sie sofort mit Hilfe einer Lupe zu untersuchen.

»Sie verstehen, meine Herren, ich mußte sie unterwegs verbergen. Man durfte sie an der Grenze bei mir nicht finden.«

Die beiden nickten und warfen einander einen Blick zu. Der Lange führte nun das Wort.

»Ein schönes Stück! Ihr persönliches Eigentum, wenn man fragen darf?«

Die geschminkte Halbweltdame lächelte.

»Jetzt mein Eigentum, das genügt wohl! Wenn Sie mir einen guten Preis zahlen, werde ich mich öfters an Sie wenden. In nächster Zeit schon dürfte ich in den Besitz eines prachtvollen Diadems mit zwölf Diamanten zu je fünf Karat kommen. Vielleicht, daß mein Freund mit dem Diadem aus Wien herkommen wird. Er war vor drei Monaten hier und hat viel verkauft. Möglich, daß sogar Sie die Käufer waren.«

Mißtrauen funkelte in den Augen der beiden auf. Der Dicke, der nun mit seinen Wurstfingern die Perlen liebkoste, sah der Frau ins Gesicht, während der Lange sie von der Seite lauernd ansah.

»Sie müßten doch wissen, wem Ihr Freund Juwelen verkauft hat. Er wird es Ihnen doch gesagt haben. Darf man fragen, wie Ihr Freund heißt?«

Die angebliche Frau Anna Müller schlug die Beine herausfordernd übereinander und paffte mit den Manieren einer Kokotte den Rauch ihrer Zigarette vor sich hin. Sie wußte, daß von ihrer Antwort viel abhing.

»Welchen Namen mein Freund hier geführt hat, weiß ich nicht, auch nicht, wer die Käufer sind. Es waren Umstände eingetreten, die eine Zusammenkunft mit ihm seit seiner Rückkehr aus Italien unmöglich oder wenigstens nicht ratsam machten. Diese Perlenschnur hat er mir durch einen Boten zustellen lassen und mich telephonisch aufgefordert, in den Zeitungen zu inserieren, worauf sich wahrscheinlich zwei Käufer melden würden, die in Betracht kämen, das heißt, nicht viel fragen würden. Sie, meine Herren, scheinen dies nicht zu sein, denn Sie sind sehr neugierig.«

Die beiden sahen einander wieder vielsagend an, traten zurück, tuschelten miteinander, und dann sagte der Lange:

»Wir sind nicht neugierig, wollen gar nichts wissen. Dies sind schöne Perlen, und das genügt eigentlich. Immerhin, man muß vorsichtig sein, wir möchten wissen, ob wir mit Ihrem Freund vor drei Monaten das große Geschäft gemacht haben. Wie sieht er aus?«

Frau Christens jubelte innerlich. Halb und halb hatten die zwei Italiener ja schon zugestanden, daß sie vor drei Monaten ein großes Geschäft gemacht hatten.

»Nun, er ist ein hübscher brünetter Mann, sehr schlank und, in Wien wenigstens, immer elegant gekleidet. Übrigens, ich habe ja eine kleine Photographie von ihm bei mir.«

Bei diesen Worten öffnete sie ein Medaillon, das sie an einer dünnen Goldkette um den Hals trug, und zeigte eine kleine, aber scharfe Photographie Egon Stirners den beiden Herren. Es war eine Photographie, die ein Beauftragter Josef Horaks auf dem Semmering aufgenommen hatte. Er war, als Egon Stirner acht tolle Tage in Gesellschaft Regina Rosenows im Hotel Panhans verbrachte, in der Maske eines umherziehenden Photographen gefolgt und hatte am Sportplatz beim Hotel Erzherzog Johann zuerst Regina und Egon gemeinsam, dann Egon allein aufgenommen.

Die Italiener betrachteten lange das kleine Bild, das nur den Kopf zeigte, flüsterten wieder miteinander, und schließlich sagte der Lange:

»Wir kennen den Herrn, wir haben Geschäfte mit ihm gemacht. Wir werden nun offen miteinander sprechen können.«

Liana Christens atmete tief auf. Das Spiel verlief günstig. Nun hieß es aber erst recht vorsichtig sein.

»Ich mache die Herren darauf aufmerksam, daß die Perlen einzelweise verkauft werden müssen, und keineswegs hier in Italien. Sie müssen womöglich nach Amerika wandern. Hier wäre immer die Gefahr vorhanden, daß man sie durch Glanz und Größe erkennt. Sie sind nicht so fabelhaft schön wie die vor drei Monaten, aber immerhin erlesene Stücke.«

Der Dicke nickte:

»Dorthin, wo sich die damaligen Perlen befinden, werden auch diese gehen. Verlassen Sie sich auf uns, wir sind keine Neulinge.«

»Und nun nennen Sie mir den Preis. Ich muß das Geld rasch bekommen, weil ich so schnell wie möglich nach Wien zurück will.«

Schweigend wurden die Perlen abermals durch die Lupe betrachtet, gezählt, betastet. Die namenlosen Italiener begannen auf einem Stück Papier Berechnungen anzustellen, zu multiplizieren und addieren. Schließlich verkündete der Lange das Resultat:

»Wir sind bereit, Ihnen morgen achtzigtausend Lire auszuzahlen. Halt, ich weiß, was Sie sagen wollen, sie sind dreimal so viel wert. Stimmt, Falotti in Venedig gibt Ihnen ohne weiteres eine Viertelmillion Lire für die Perlen. Nur, daß Sie sich ihm gegenüber legitimieren, den Nachweis erbringen müssen, daß die Perlen Ihr rechtmäßiges Eigentum sind. Wir fragen nicht, wollen nichts wissen. Auch Ihren Freund haben wir nicht gefragt, obwohl wir gerade damals allen Grund dazu gehabt hätten. Wir wußten auch ohne zu fragen –«

Liane Christens tat, als würde sie intensiv überlegen. Dann:

»Ich werde Ihr Angebot meinem Freund telegrafisch mitteilen, so daß ich spätestens morgen früh Antwort habe. Ich bitte, mich morgen im Laufe des Vormittags zu besuchen, wir werden dann, falls die Antwort bejahend sein sollte, die Sache perfekt machen.«

Die Herren gingen, und Frau Liane sprang vergnügt wie ein Backfisch im Zimmer umher. Das war herrlich gegangen, übertraf ihre und des Detektivs kühnsten Erwartungen! Und nun hieß es klug handeln!

Frau Christens verließ bald nach den Italienern das Hotel und ging die Via Balbi entlang. Getreu den Instruktionen des Wiener Polizeibeamten, blieb sie plötzlich mitten im Gedränge stehen, entnahm ihrem Täschchen einen Spiegel und tat, als würde sie an der Frisur etwas in Ordnung bringen. In Wirklichkeit aber sollte der Spiegel, der für Toilettezwecke äußerst groß war, sagen, ob sie von jemandem verfolgt werde. Tatsächlich sah sie, wie ein etwa fünf Schritte hinter ihr hergehender junger Mann plötzlich stehen blieb, um sich scheinbar einer Auslage zuzuwenden.

In Genua rollen die Taxameterdroschken unaufhörlich durch die Straßen, um nach Passagieren zu angeln. Frau Liane überlegte rasch. Sie hatte den beiden Hehlern gesagt, daß sie nach Wien telegraphieren werde. Also mußte das auch geschehen. Sie winkte einer leeren Droschke, stieg ein, gab dem Kutscher den Auftrag, nach der Galleria Mazzini zu fahren, wo sich das Hauptpostamt befindet. Während der Fahrt trat wieder der Spiegel in Aktion. Der junge Mann hatte tatsächlich auch eine Droschke genommen und folgte ihr.

Im Postamt verlangte Liane zunächst ein Depeschenformular. Ihr Verfolger desgleichen. In aller Ruhe füllte sie das Blankett mit folgenden Worten aus:

»Karl Schulz, hauptpostlagernd, Wien. Kann achtzigtausend Meter kaufen. Rückdrahte ob zu wenig. Anna.«

Unauffällig sah ihr der Bursche, während auch er ein Blankett vollkritzelte, über die Schulter. Frau Liane hatte mit Absicht viel Tinte gebraucht, so daß jetzt, als sie ein Blatt Löschpapier über die Schrift legte, diese im Negativ deutlich auf dem Löschpapier sichtbar wurde. Dann gab sie die Depesche auf, der junge Mann aber steckte das Löschpapier zu sich und verschwand mit ihm.

Ihre Depesche würde natürlich nach etwa vierzehn Tagen als nicht behoben zurückkommen, aber ihre volle Wirkung tun. Die beiden Hehler bekamen durch ihren Spion Kenntnis von dem Inhalt, mußten annehmen, daß es sich um eine vereinbarte Formel handelte und Frau Müller wirklich ihrem Freund von dem Angebot Kenntnis gegeben habe. Nunmehr würde sie als absolut unverdächtig betrachtet werden.

Liane wollte sich jetzt mit der genuesischen Polizei in Verbindung setzen. Das konnte aber unmöglich direkt geschehen, da der Vertrauensmann der Hehler sie zweifellos weiter beobachten würde. Also zurück ins Hotel. Glücklicherweise hatte sie ein Zimmer mit telephonischem Anschluß bekommen, und so ließ sie sich denn, um nicht die Vermittlung des Portiers zu benötigen, das Telephonbuch auf ihr Zimmer bringen, suchte die Nummer der Polizeipräfektur und rief an. Die Verbindung war rasch hergestellt, und sie verlangte in dringlicher Angelegenheit den Polizeipräfekten persönlich zu sprechen. Nicht ohne Schwierigkeiten wurde ihr dies gestattet, und sie sagte nun langsam auf italienisch, um jedes Wort verständlich zu machen:

»Hier Frau Liane Christens aus Wien, die unter dem Namen Anna Müller im Hotel Britannia abgestiegen ist. Herr Präfekt werden sich vielleicht erinnern, daß vor drei Monaten in Wien die Frau des Advokaten Doktor Leid ermordet wurde. Der Mörder ist unter Mitnahme ihres enorm kostbaren Schmuckes spurlos verschwunden. Herr Präfekt entsinnen sich und haben dem Fall besondere Aufmerksamkeit geschenkt? Um so besser. Nun, ich bin eine gute Freundin des Gatten der Ermordeten und fahnde im Einverständnis mit der Wiener Polizei nach dem Mörder. Ich glaube hier in Genua die beiden Hehler entdeckt zu haben, die die Perlen und den übrigen Schmuck dem Mörder abkauften. Die beiden werden morgen bei mir im Hotel vorsprechen. Da ich beobachtet werde, kann ich mich nicht direkt mit Ihren Behörden in Verbindung setzen. Was soll geschehen, um Ihnen alles genau erzählen zu können und die weiteren Maßnahmen zu beraten?

Aha! Sehr gut! Ich werde mich also in einer Stunde im Modewarenhaus Morpurgo in der Via Orefici einfinden, wo ein Polizeibeamter die Rolle eines bedienenden Kommis spielen wird. In einer Ankleidekabine werde ich ihm alles genau erzählen.«

Eine Stunde später schlenderte die geschminkte Dame langsam durch die Via Orefici, musterte durch ihr Lorgnon die Auslagen und betrat dann das große Modehaus Morpurgo, in dem der Polizeibeamte schon wartete. Der junge Mann aber, der ihr wieder auf den Fersen war, zog sich in ein Café zurück, das gegenüber dem Modehaus liegt.

Frau Liane machte tatsächlich rasch einige Bestellungen, dann führte sie der Chef, der unterrichtet war, in sein Privatkontor, wo sie der Leiter der genuesischen Detektivabteilung, Signore Philippo Bellini, erwartete. Da dieser Herr in Wien studiert hatte und vollkommen Deutsch sprach, konnte sich auch Frau Christens zum erstenmal seit Tagen wieder ihrer Muttersprache bedienen. In fliegender Hast erzählte sie von dem Verdacht des Wiener Polizeibeamten Josef Horak gegen den Bankbeamten Egon Stirner, von dessen Reise nach Italien unmittelbar nach dem Morde, von ihrem Kriegsplan und dessen Ausführung in Genua.

Herr Bellini streckte ihr die Hand entgegen:

»Sie haben das vortrefflich gemacht, gnädige Frau, besser, als es irgendein Berufspolizist hätte tun können. Nun heißt es aber, die Sache zum Abschluß zu bringen. Ihnen geht es nur darum, den Mörder dingfest zu machen, nicht aber auch, den geraubten Schmuck zu bekommen?«

»Jawohl, Herr Bellini. Der Gatte der Ermordeten ist übrigens ein so sensitiver und feinfühliger Mensch, daß er diesen Schmuck ohnedies nie berühren oder auch nur ansehen würde.«

»Das erleichtert die Angelegenheit wesentlich, da es sich sonach nur um ein Geständnis der Hehler handelt. Es wird also morgen früh eine unserer Beamtinnen den Dienst als Stubenmädchen im Hotel Britannia antreten und sich in Ihrem Zimmer im Schrank verborgen halten, während Sie mit den Hehlern unterhandeln. Sie geben den Leuten wirklich die Perlenschnur, nehmen dafür achtzigtausend Lire entgegen, und sowie die beiden Ihr Zimmer verlassen haben, springt die Beamtin aus dem Schrank, eilt zum Fenster, gibt ein Zeichen, und die Hehler werden von unten postierten Beamten verhaftet.«

»Und meine Perlenschnur?« fragte ein wenig erschrocken Frau Liane.

»Die bekommen Sie sofort auf der Präfektur, nach der Sie sich hinter den Verhafteten begeben, zurück. Die achtzigtausend Lire aber übergeben Sie uns. Etwas will die Polizei auch bei der Sache profitieren.«

Frau Christens verließ das Modehaus reichlich mit Paketen beladen und begab sich in das Hotel zurück. Ihr Verfolger, dem die Sache ersichtlich auf die Nerven ging, eilte der Droschke zu Fuß nach. Den Abend verbrachte die Amateurdetektivin im Teatro Carlo Felice, wo eine Oper von Verdi mehr schlecht als recht aufgeführt wurde, und nach einer unruhig verbrachten Nacht war sie sofort im Bilde, als ein nettes kleines Stubenmädchen bei ihr erschien und sich wortlos neben dem großen Kleiderschrank aufstellte, bereit, jeden Augenblick in ihm zu verschwinden.

Um halb elf Uhr wurden die beiden Herren von gestern gemeldet, worauf das Mädchen sich in den Schrank zurückzog.

Frau Liane begrüßte die Hehler mit der Mitteilung, daß sie nach der vor einer Stunde erhaltenen telegraphischen Order bereit sei, auf den Betrag von achtzigtausend Lire einzugehen. Sie übergab nunmehr die Perlenschnur, die der Dünne nochmals einer Prüfung unterzog, und nahm die Geldscheine in Empfang.

»Noch etwas, meine Herren«, sagte Frau Christens, indem sie die beiden einlud, Platz zu nehmen. »Wie Sie wissen – es hat ja keinen Zweck, daß wir miteinander Versteck spielen –, befand sich unter den Schmucksachen, die Ihnen mein Freund vor drei Monaten verkauft hat, ein Armreif mit einem herrlichen Smaragd von zehn Karat.«

Der Dicke nickte zögernd, als wäre es ihm peinlich, daran erinnert zu werden.

»Nun, Doktor Leid, aus dessen Familienbesitz dieser Smaragd stammt, hat den Tod seiner Frau verschmerzt und auch den Verlust der Perlenschnur und der übrigen Juwelen, nicht aber den des Smaragdes. Wir haben erfahren, daß er bereit wäre, doppelt soviel, als der Smaragd wert ist, zu zahlen, wenn er ihn wiederbekommen könnte. Es spielt dabei natürlich Familientradition und Aberglaube mit. Halten Sie es für möglich, dieses Geschäft zu machen, indem der Smaragd dem Advokaten von Paris oder London oder sonstwoher zum Rückkauf angeboten wird?«

Der Lange erhob beschwörend die Hände.

»Ausgeschlossen! Das hieße mit dem Feuer spielen! Abgesehen davon befindet sich der Smaragd, der allerdings von einziger Schönheit ist, längst in Amerika und wahrscheinlich in Händen eines reichen Mannes, der ihn um keinen Preis wieder hergeben würde.«

»Nun, dann lassen wir die Sache sein. Meine Herren, ich hoffe, daß wir noch mancherlei Geschäfte miteinander machen werden.«

»Wird auch uns nur angenehm sein. Wir beheben täglich unter Giovanni Ambrosi die einlaufende Post auf dem Postamt.«

Sie empfahlen sich und gingen, das Mädchen flog aus dem Schrank zum Fenster und beutelte heftig ein rotes Tuch aus. Alles andere spielte sich blitzschnell ab. Die beiden Männer erschienen vor dem Hotel, vier in Zivil gekleidete Beamte warfen sich auf sie, legten ihnen Handfesseln an, hoben sie in ein bereitstehendes Auto und sausten nach der Polizeipräfektur. Frau Liane folgte unmittelbar.

Das Verhör fand in Anwesenheit des Polizeipräfekten, des Chefs der Detektivabteilung, der Beamtin, die die Rolle des Stubenmädchens gespielt hatte, und Liane Christens' statt. Herr Bellini nahm den beiden Sündern die Handfesseln ab und begrüßte sie höchst jovial.

»Also, meine Herren Pietro Fosci und Ludo Barga, haben wir euch endlich einmal bei frischer Tat ertappt. Kennen tun wir nämlich die beiden ehrenwerten Herren, die bei jedem verdächtigen Juwelengeschäft ihre Hände im Spiel haben, längst. War aber verdammt schwer, ihnen das Handwerk zu legen. Nun ist es uns dank der Klugheit dieser deutschen Signora gelungen.«

Der Dicke und der Lange warfen wütende Blicke auf Frau Christens, die soeben ihre Perlenschnur wieder in Empfang genommen hatte.

Herr Bellini fuhr fort:

»Sie brauchen kein so erbärmliches Jammergesicht zu schneiden, meine Herren! Diesmal kommen Sie noch mit einem blauen Auge davon, und die achtzigtausend Lire, die uns die Signora zurückgibt, sind ja nur ein winziger Teil dessen, was Sie bei dem anderen großen Geschäft vor drei Monaten verdient haben. Die Sache liegt nämlich so: Es handelt sich uns allen nicht um den Schmuck, den der Mörder der armen Wiener Dame euch verkauft hat, sondern um den Mörder selbst. Wenn ihr bereit seid, rückhaltlos zu seiner Überführung beizutragen, so geschieht euch diesmal nichts. Macht ihr aber Faxen, so kommt ihr sofort ins Loch, und so ein bis zwei Jährchen sind jedem von euch sicher.«

Es begann ein wüstes Gejammer, ein Geschnatter in rasendem Tempo, von lebhaftem Händespiel begleitet, und die Szene endete damit, daß die beiden Hehler, die sahen, daß man ihnen wirklich nichts tun wollte, folgende Erklärung zu Protokoll gaben:

»Vor drei Monaten machte uns ein Geschäftsfreund, der ein Antiquitätengeschäft besitzt, mit einem Herrn aus Wien bekannt. Dieser Wiener, der unsere Sprache vortrefflich beherrschte, hatte sich bei dem Antiquitätenhändler aufs Geratewohl erkundigt, ob er in diskreter Weise einen großen Juwelenverkauf machen könne, worauf er mit uns in Verbindung gebracht wurde. Der Herr wohnte im Hotel Miramare und war als Erwin Reiner gemeldet. Wir erkennen ihn in der kleinen Photographie, die Signora Müller uns gezeigt hat. Signor Reiner verkaufte uns eine große, sehr wertvolle Perlenschnur, einen Armreif mit einem großen Smaragd, andere Armbänder, Nadeln, Broschen, Ringe mit Diamanten und Rubinen für zusammen eine Million Lire. Wir haben die Perlen und Juwelen teils in ihrer Fassung, teils einzeln in Paris verkauft, von wo sie an Amerikaner und Engländer weiterverkauft wurden. Wir erklären uns gegen Ersatz der Reisespesen und Honorierung unserer Bemühungen bereit, mit Signora Müller nach Wien zu fahren und dort vor den Behörden den Herrn, der uns den Schmuck verkauft hat, zu identifizieren.«

Am selben Abend noch fuhr Liane Christens mit dem Expreßzug in Begleitung der beiden Herren Fosci und Barga nach Wien. Es herrschte zwischen ihnen das beste Einvernehmen, und besonders der dicke Herr Barga gab allerlei Anekdoten aus seinem Hehlerdasein zum besten.

Eine Enttäuschung und ihre Folgen

Grete Rumfort verbrachte die bittersten Tage ihres jungen Lebens. Nach dem Gesetz der Serie ereigneten sich Schlag auf Schlag Dinge, die ihr den Rest von Lebensmut nehmen wollten, sie niederprügelten wie ein Hagelschauer die junge Saat.

Am Tag nach dem Fest bei Frau Greifer, bei dem Grete als Nymphe mitgewirkt und die Bekanntschaft des Dr. Wurm gemacht hatte, kam es ihr erst ganz zum Bewußtsein, was damit geschehen war. Sie hatte ihren Leib den Blicken gieriger Männer preisgegeben und stillschweigend eingewilligt, die Maitresse dieses Mannes zu werden. Jawohl, bei ruhiger Überlegung mußte sie sich eingestehen, daß dieser Wurm, der ihr im Rückblick unsagbar widerwärtig zu sein schien, schon ein Anrecht auf sie besaß. Sie hatte ja Geld von ihm genommen, viel Geld, eine Million, und wußte genau, daß dies nur eine Anzahlung, eine Hypothek auf ihren Körper war.

Die zwei Banknoten flößten ihr Grauen ein, sie wagte nicht, sie zu berühren, war fest entschlossen, sie beim nächsten Wiedersehen zurückzugeben und nur zu diesem Zweck einen Augenblick im Hause der Kupplerin zu verweilen. Schließlich – es gab ja noch ein paar Gegenstände aus dem Haushalt zu verkaufen, und dann würde Otto Demel bald zurückkommen, und sie konnte diesen lieben, gütigen Menschen um einen Vorschuß bitten.

Der Mensch denkt, kleine Ereignisse lenken. Während Grete in

Gedanken versunken im Zimmer des Journalisten Ordnung machte, geschah es, daß sie ausglitt und mit der Besenstange beide Scheiben des einen Fensters zerbrach. Fassungslos vor Entsetzen stand sie vor den Scherben und Splittern. Es war Winter, die Schneeflocken fanden sofort ihren Weg durch die leeren Fensterrahmen, die Scheiben mußten ersetzt werden, heute noch, denn sie wußte ja nicht, wann Demel zurückkehren würde.

Der Glaser kam, besah den Schaden, erklärte, nachdem er Maß genommen und in seiner Tabelle nachgesehen hatte, daß die beiden großen Scheiben vierhunderttausend Kronen kosten würden.

Erich kam aus der Schule nach Hause, hatte glühende Wangen, leuchtende Augen, weinte und klagte über Hals- und Kopfschmerzen. Der Arzt mußte geholt werden, er konstatierte eine arge Halsentzündung, verordnete allerlei teure Medikamente. Erich fieberte und sprach von nassen Füßen, von Schnee, der ihm in die Schuhe komme.

Grete, die, solange es anging, ihren Schuhen und denen der Geschwister gegenüber Vogel-Strauß-Politik trieb, untersuchte die Schuhe des Bruders und stellte fest, daß die Sohlen total zerfetzt waren.

Ein Überschlag, und es stellte sich heraus, daß die Million des Dr. Wurm gerade ausreichen würde, um die Scheiben, den Arzt, die Medizinen und den Schuster zu zahlen.

Und es war ihr, als würde ein boshaftes, heimtückisches Schicksal ihr den Weg ins Verderben als den einzig gangbaren weisen.

Es kam noch ärger. Seit einigen Wochen war mit ihrer Schwester Else irgendwie eine Veränderung vorgegangen. Sie hatte plötzlich angeblich an eine reiche Schulfreundin Anschluß gefunden, bei der sie die Nachmittage und die Abende verbrachte. Die reiche Freundin schien sehr noble Eltern zu haben, denn sie beschenkten Else mit allerlei hübschen Sachen, einem neuen Täschchen, seidenen Strümpfen, ja, eines Tages sogar mit einem ganz neuen Winterkleid und dem dazugehörigen Hut.

Grete kam das verdächtig und unwahrscheinlich vor, aber sie war von eigenen Sorgen so belastet, von schweren Gedanken so bedrückt, daß sie die Augen schloß. Bis eines Abends knapp vor der Torsperre Else, das dreizehnjährige Kind, mit einem veritablen Rausch nach Hause kam. Grete, zu Tode erschrocken, brachte, ohne daß ihre in letzter Zeit ohnedies leidende Mutter etwas merkte, Else rasch zu Bett und fand bei dieser Gelegenheit in ihrem Täschchen eine Flasche kostbaren französischen Parfüms und einige hunderttausend Kronen.

Grete begann in ihrer Verzweiflung zu weinen, so heftig und krampfhaft, daß das Kind aus dem Halbschlummer erwachte, nüchtern wurde und unter herzzerreißendem Schluchzen ein Geständnis ablegte.

Vor einigen Wochen war, als sie aus der Schule nach Hause ging, ein alter, sehr vornehm aussehender Herr im Auto an ihr vorbeigefahren, hatte, als sie seinen freundlichen Blick lachend erwiderte, den Chauffeur halten lassen, war ausgestiegen und sprach sie väterlich an. Er hatte sie dann aufgefordert, mit ihm eine in der Nähe gelegene Konditorei zu besuchen. Dort hatte sie erfahren, daß der alte Herr ebenfalls in der Melchiorgasse, allerdings in dem feudalen modernen Zinspalast Nummer 4, wohne und sie vom Sehen längst kenne. Er habe ihr Geld und allerlei schöne Sachen versprochen, wenn sie ihn besuchen und seine Einsamkeit hie und da mit ihm teilen wolle. Nach anfänglichem Sträuben habe sie dies getan und nun . . .

Krampfhaft schluchzend, zitternd vor Scham und Reue, flüsterte Else der Schwester ihre Beichte ins Ohr. Die Beichte eines armen kleinen Mädchens, das immer Hunger hat, sich nach Schlagobers und ganzen Strümpfen sehnt, genäschig und lüstern, aber wahrhaft nicht schlimmer ist, als es andere kleine Mädchen sind, und langsam aber sicher, Schritt für Schritt den Verführungen eines alten Wüstlings erliegt.

Noch war das Äußerste nicht geschehen, aber das, was geschehen war, war furchtbar genug, genügte, um ein zartes, kaum noch körperlich gereiftes Kind in alle erotische Verworfenheit einzuführen.

Weinend streichelte und küßte Grete die kleine Schwester, ließ sich von ihr schwören, niemals wieder die Schwelle des alten Schurken zu betreten, und sagte dann plötzlich mit harter, kalter Stimme:

»Dir wird es an nichts mehr fehlen, Elserl! Du wirst alles, was du brauchst, von mir bekommen!«

In schlafloser Nacht rang sich Grete den Entschluß ab, einen letzten Versuch zu unternehmen. Sie wollte warten, bis Otto Demel nach Wien zurückkam, ihm offen und frei erzählen, wie schlecht es ihr und den Ihrigen ging, ihn um Rat und Hilfe bitten. Er war Journalist von Rang und Ansehen, hatte vielerlei Verbindungen, sicher könnte er ihr eine halbwegs einträgliche Stellung verschaffen, vielleicht auch ein Darlehen gewähren, groß genug, um sich von der Frau Greifer loszukaufen, diesem Dr. Wurm die Million zurückzugeben.

Den Namen Otto flüsternd, schlief Grete, mit dem Optimismus ihrer siebzehn Jahre an Wunder glaubend, frühmorgens ein.

Am nächsten Morgen kam Otto Demel wirklich zurück. Erfüllt von interessanten Eindrücken und Erlebnissen, begrüßte er Grete nur flüchtig, nahm ein Bad, packte rasch seinen Koffer aus, riß Schubladen und Schreibtischfächer auf, kleidete sich um und begab sich hastig fort, um in seinem Redaktionsbüro den ersten Artikel zum Druck zu bringen.

Grete brachte sein Zimmer in Ordnung, ihre Wangen glühten vor Freude über die Rückkehr Ottos, ihr Herz schlug heftig in dem Gedanken an die bevorstehende Unterredung mit ihm.

Die mittlere Lade des Schreibtisches stand weit offen und war mit Briefen und Papieren so gefüllt, daß Grete sie nicht ohne weiteres zuschieben konnte. Bei dem Versuch, die Papiere zu schlichten, fiel ihr Blick auf einen auseinandergefalteten Brief mit der Anschrift: »Mein geliebter Otto!«

Weibliche Neugierde besiegte angeborenes Taktgefühl. Sie las diesen leidenschaftlichen Liebesbrief einer Frau, sie las einen zweiten Brief einer anderen Frau, sie durchwühlte die ganze Vergangenheit eines Mannes, der ein reiches Leben führte, Frauen sonder Zahl geliebt hatte, von ihnen geliebt worden war. Immer neue Namen tauchten vor ihr auf, Namen von jungen Mädchen, verheirateten Frauen, Künstlerinnen, von heißblütigen Jungfrauen und männertollen Messalinen.

Grete wankte zurück. Es war ihr, als würde eine kalte Hand an ihr Herz greifen. Also auch er nur ein Wüstling, ein Frauenjäger, Mädchenverführer! Auch er einer, dem sie sich nicht anvertrauen konnte, weil er sonst nach ihr greifen würde, wie der Löhner, der Wurm und alle anderen!

Jäh erwachte sie aus ihrem ersten zarten Jugendtraum, nackt und brutal starrte das Leben ihr entgegen, in einer Viertelstunde war sie um Jahre gealtert.

Sie glaubte nun das Leben ganz zu kennen und stand in Wirklichkeit ihm fremder als je gegenüber. Weil sie mit ihren siebzehn Mädchenjahren nicht wußte und nicht wissen konnte, wie vielfältig ein Mann ist, wie er gut und rein bleiben kann, auch wenn er in hundert Frauenarmen Liebe erfahren. Weil ihr der große tiefe Unterschied zwischen Mann und Weib nicht bewußt war, zwischen dem Mann, der sich aus jeder Sinneslust wieder zu sich selbst erheben kann, und dem Weib, das die Lust des Mannes in ihr Blut und ihre Seele nimmt.

Gretes Gestalt straffte sich, ein höhnisches Lächeln verzog ihren Mund.

Jawohl, nun würde sie das nächste Fest bei Frau Greifer mitmachen und Geld von jedem nehmen, der es ihr geben wollte.

Redoute im Konzerthaus. Unter der Devise »Deutschland in Not« war bei enormem Entree das ganze reiche Wien zusammengetrommelt worden, um für die hungernden, frierenden, verzweifelten Bundesbrüder zu – tanzen.

Ein kleiner Teil dessen, was dieses Faschingsfest die Besucher an Entree, Wagen, Toilettenaufwand, Champagner, Blumen und Souper kostete, hätte genügt, um hunderttausend arme Berliner einen Monat zu ernähren, aber der Mensch ist eben so beschaffen, daß er lieber eine Million auf einem Wohltätigkeitsfest ausgibt, als hunderttausend Kronen direkt zu schenken.

Herr und Frau Rosenow saßen in ihrer Loge, und Herr Rosenow gab seinem Unmut darüber Ausdruck, daß Regina ununterbrochen mit seinem Privatsekretär Egon Stirner tanzte.

»Ich versteh die Regi gar nicht! Die vornehmsten und reichsten Männer sind glücklich, wenn sie mit ihnen spricht, und ausgerechnet mit dem Stirner muß sie sich verbandeln! Er ist ja ein sehr tüchtiger und intelligenter Mensch, der es noch zu etwas bringen kann, aber eine Partie ist es nicht. Natürlich möchte es dem Schnorrer passen, unsere Regi zu bekommen! Seitdem er mit Krieglacher Holz hineingefallen ist, hat er wieder den größten Dalles, und jeden Moment kommt er um Vorschuß.«

»Jonas«, sagte Frau Rosenow tadelnd, »sei nicht übermütig! Wie du mich in Bielitz geheiratet hast, warst du auch ein Schnorrer, erinnere dich nur, daß du nicht einmal einen Frack gehabt hast. Und heute bist du ein reicher Mann, so reich, daß Regi sich nehmen kann, wen sie will. Mir gefällt der Egon Stirner sehr gut, und wenn unser Kind ihn liebt, werd ich nicht dulden, daß du ihr Herz brichst!«

Die letzten Worte hatte Frau Rosenow mit so erhobener Stimme gesprochen, daß ihr Gatte sich beeilte, sie zu beschwichtigen:

»Heute sind eben andere Zeiten! Übrigens wissen wir noch gar nichts, und Regi ist gottlob so ein kluges Mädchen, daß sie selbst schon das Richtige tun wird.«

In der Nebenloge, in der man die Unterhaltung der Rosenows zum Teil mit angehört hatte, tauschten drei von den fünf anwesenden Personen geflüsterte Bemerkungen miteinander aus. In der Loge saßen Frau Christens, Otto Demel, der Polizeibeamte Horak und die beiden italienischen Juwelenhändler Pietro Fosci und Ludo Barga.

Horak hatte die beiden Herren hierhergeführt, weil ihm diese Redoute die beste Gelegenheit schien, Egon Stirner als jenen Erwin

Reiner identifizieren zu lassen, der den Schmuck der ermordeten Frau Lia Leid in Genua verkauft hatte.

Indessen, während sich die Insassen der einen Loge mit Regina, die der anderen mit Stirner befaßten, tanzten die beiden im Gewühl des Parterres. Nun war der »Tango milonga« zu Ende, und Egon führte seine Dame zu dem Champagnerbüfett, wo er sich einen kleinen Tisch hatte reservieren lassen.

»Regina«, begann Stirner, »hast du noch immer nicht den Mut, dich vor deinen Eltern zu mir zu bekennen?«

»Mut? Dazu gehört wenig Mut, mein Lieber! Aber du weißt ja, daß es mir nicht leicht wird, meine Freiheit und Ungebundenheit aufzugeben. Und daß ich mich nur dann an einen Mann binden will, wenn ich fühle, daß es geschehen muß, weil ich ihn nicht entbehren kann.«

»Und weißt du das trotz dieser wilden herrlichen sieben Tage am Semmering noch immer nicht? Bist du dort nicht in meinen Armen restlos glücklich gewesen? Hast du nicht empfunden, daß wir auch physisch zueinander gehören –?«

Regina errötete leicht.

»Ja, mein Lieber, das leugne ich ja gar nicht. Aber warum so ungeduldig? Können wir uns nicht auch in Wien ohne offizielle Bindung angehören? Ist nicht gerade die Heimlichkeit unseres Verhältnisses herrlich, und erhöht es nicht den Reiz und die Lust jeder Umarmung, wenn wir wissen, daß sie zeitlich begrenzt sein muß und nicht verraten werden darf?«

Stirner preßte die Hand Reginas, daß sie leise aufschrie.

»Nein, Regina, ich leide in den Stunden der Einsamkeit, in den Nächten, die ich ohne dich verbringen muß, Höllenqualen, ich sehne mich so sehr nach dir, daß ich nicht schlafen kann, daß meine Nerven vibrieren. Du fürchtest, deine Freiheit zu verlieren? Wie oft soll ich dir noch sagen, daß du an meiner Seite alle Freiheit haben wirst, die du wirst haben wollen? Ich sage das in der eisernen Überzeugung, daß du dich nie von mir weg nach einem anderen sehnen wirst. Und sollte es einmal doch der Fall sein – nun, ich bin nicht der Mann, der ein Weib zwingt, ihm anzugehören, wenn es nicht will.

Und noch etwas, Regina. Ganz aufrichtig, offen und frei: Ich will nicht länger der Privatsekretär deines Vaters sein! Ich will zeigen, was ich kann, wenn mir große Kapitalien zur Verfügung stehen, ich will nicht nur dich, sondern auch dein Geld, deine Milliarden, um mich über diese kleinen Geier und Haifische hinweg an die Spitze zu schwingen. Regina, du weißt ja nicht, wieviel Stärke und Willen in mir, heute noch gebändigt, vorhanden ist!«

Regina sah ihn warm an, ein leiser Schauer lief durch ihren schlanken Leib, sie atmete tief auf und sagte:

»Immer wieder nimmt mich gerade deine Aufrichtigkeit gefangen! Komm, Egon, wir wollen in die Loge gehen. Ich bin neugierig, was für ein Gesicht der Papa schneiden wird, wenn ich mich als keusche Braut des Herrn Egon Stirner vorstelle.«

Frau Christens beugte sich nervös zu Josef Horak zurück.

»Sollte das, was geschehen muß, nicht gleich geschehen? Die Rosenows sind mir eben nicht sehr sympathisch, aber ich habe keinen Grund, ihnen eine so furchtbare Kränkung anzutun, wie es geschehen würde, wenn ihre Tochter schon offiziell zu Stirner gehören sollte. Stellen Sie sich nur diesen Skandal vor! Und ich habe eine Ahnung, daß sich so etwas heute vorbereitet!«

Demel stimmte ihr zu, und Horak sagte zögernd:

»Gut, wir können ja mit unseren Gästen sofort hinuntergehen und nach Stirner fahnden. Haben die Herren ihn identifiziert, dann rufe ich ihn beiseite und verhafte ihn.«

Aber es sollte zu dieser Lösung nicht kommen. Eben in diesem Augenblick betrat das Paar die Loge, Regina beugte sich zu ihrem Vater, dann zu ihrer Mutter, küßte beide auf die Stirn und sagte so laut, daß man es nebenan deutlich hören konnte:

»Liebe Eltern, ich habe mich mit Egon verlobt.«

Mama Rosenow traten Tränen in die Augen, und sie hätte am liebsten eine theatralische Szene aufgeführt, wenn nicht Papa Rosenow aufgesprungen wäre und mit hochrotem Kopf erklärt hätte:

»Das muß ich mir ausbitten! Hab ich meine Einwilligung gegeben? Das ist ein starkes Stück, Herr Stirner, um nicht zu sagen, daß es eine Chu-, ich meine eine Frechheit ist!«

Egon stand blaß und wortlos da, Regina lächelte nur spöttisch. Mama Rosenow aber verlor Haltung und Würde, versank tief in gute Bielitzer Tradition und schluchzte.

»Jonasleben, ich hab dir gesagt, ich laß mein Kind von dir nicht mißhandeln! Wenn sie ihn liebt, so soll sie ihn nehmen, wir können es uns doch gottlob leisten!«

Regina sah, wie man in den beiden benachbarten Logen aufmerksam wurde, und sie machte der Szene ein rasches Ende, indem sie dem erregten Vater die Stirn streichelte und so leise, daß nur er, Mama und Egon es hören konnten, sagte:

»Lieber Papa, rege dich nicht auf, es hat keinen Zweck. Die Frau Egons bin ich schon längst, damals, als ich auf dem Semmering war, geworden, wenn auch ohne eine offizielle Verständigung. Wenn du also einen Skandal vermeiden willst, so mußt du schon gute Miene zu einem Spiel machen, das für uns beide wenigstens durchaus kein böses ist.«

Herr Generaldirektor Rosenow bewies, daß er, wie sich das bei den Aktionärsversammlungen schon so oft gezeigt hatte, jeder Situation gewachsen war. Nur einen Augenblick war er so verblüfft und entsetzt, daß er nicht sprechen konnte, dann stand er auf, schlug mit der rechten Hand Stirner kräftig auf die Schulter und sagte:

»Lieber Sohn, daß du ein Gauner bist, habe ich eigentlich mir immer schon gedacht! Und jetzt Champagner her, damit wir auf das Wohl des Brautpaares trinken. Frau, hör auf zu flennen, du hast schon ein ganzes Farbkastel im Gesicht.«

Horak, Demel und Frau Christens, denen kein Wort entgangen war, tauschten blitzschnell Bemerkungen aus. Fosci und Barga nickten lebhaft und versicherten auf italienisch, daß dieser schlanke Herr im Frack identisch mit jenem Erwin Reiner sei. Horak sprang auf, wollte, um das Äußerste zu verhindern, Egon Stirner sofort verhaften, aber es war zu spät. Ein den Rosenows bekanntes Ehepaar war in die Loge getreten, hörte die Nachricht von der Verlobung, gratulierte rasch und begab sich dann in den Saal, um die Kunde von dem Ereignis zu verbreiten. Und einige Minuten später konnte ein Reporter der »Morgentrompete« knapp vor Blattschluß telephonisch die Nachricht übermitteln, daß sich auf der Redoute »Deutschland in Not« das einzige Kind des Billionärs und Präsidenten der Mitteleuropäischen Kreditbank, Jonas Rosenow, Fräulein Regina Rosenow, die zu den ersten Schönheiten Wiens gehört, mit dem Privatsekretär ihres Vaters, Herrn Egon Stirner, verlobt habe.

Nach kurzer Überlegung änderte nun Horak seinen Plan. Ein Skandal im Ballsaal mußte unbedingt vermieden werden, die Verhaftung Stirners konnte später erfolgen.

In Begleitung zweier Detektive fuhr Horak um vier Uhr morgens in einem Autotaxi dem Automobil nach, das die Rosenows nach ihrem Palais in der Pötzleinsdorfer Allee brachte. Egon Stirner war mitgefahren, stieg aber am Schottentor aus, um sich nach seiner Junggesellenwohnung in der Florianigasse zu begeben.

Nachdenklich sah er dem dahinsausenden Auto seiner Schwiegereltern nach, als drei Männer auf ihn zutraten, von denen der eine, den er als den Gutsbesitzer Hort zu kennen glaubte, ihn am Arm faßte und mit lauter Stimme, die im fahlen Wintermorgen seltsam hohl und schauerlich klang, sagte:

»Herr Egon Stirner, ich erkläre Sie als des Mordes an Frau Lia Leid dringend verdächtig für verhaftet.«

Razzia

Einen so harten und langen Winter hatten die Wiener seit Jahrzehnten nicht mehr erlebt. Um Ostern herum fror es noch in der Nacht, waren die Bäume und Sträucher kahl, spürte man vom Frühling keinen Hauch. Bis eines Tages vom Süden ein Orkan heranbrauste, laue Wasserfluten vom Himmel herabströmten und den Winter in Schlamm und Kot begruben.

Mißmutig, von allerlei peinlichen Gedanken bedrückt, schlenderte der Journalist Otto Demel in später Abendstunde quer durch die Innere Stadt, um im Café Landtmann beim Burgtheater im Kollegen- und Freundeskreis einen an Arbeit überreichen Tag zu beschließen.

Er traf aber keinen seiner Bekannten, saß allein, trank nach alter Gewohnheit einen türkischen Kaffee nach dem anderen, steckte eine Zigarette nach der anderen in den Mund und ließ die Ereignisse des letzten Halbjahres an sich vorbeiziehen.

Ein paar Tage noch, und der große Prozeß würde vor sich gehen, der Mordprozeß gegen Egon Stirner. Demel dachte an die Ballnacht im Februar zurück, in der Stirner verhaftet worden war. Erst die Abendblätter des nächsten Tages hatten die Berichte enthalten und eine Sensation erregt, der gegenüber alle anderen Ereignisse in den Hintergrund getreten waren.

Stirner leugnete bei seiner Verhaftung, leugnete während der polizeilichen Voruntersuchung, leugnete vor dem Untersuchungsrichter. Er erklärte immer wieder, an dem Tode von Frau Lia Leid vollständig unschuldig zu sein, gab nur zu, im Absteigequartier in der Melchiorgasse ihren Schmuck entwendet zu haben. Er habe, während Frau Lia Leid im halbdunklen Zimmer zurückblieb, den Schmuck, ohne daß sie es merkte, an sich genommen und sich entfernt. Was dann geschehen sei, wisse er nicht.

Niemand glaubte dieser Verantwortung, sogar sein Verteidiger Dr. Valentin riet ihm, lieber ein volles Geständnis abzulegen, aber Stirner blieb beharrlich, erklärte immer wieder mit eiserner Ruhe, keinen Mord begangen zu haben.

Seltsam, für ihre intimen Bekannten mehr als überraschend, war das Benehmen Regina Rosenows. Demel, der das junge Mädchen seit Jahren kannte, hatte angenommen, daß Regina die Verhaftung ihres Bräutigams nur als ihr angetane Schmach betrachten, ihre Neigung sich in Haß wandeln und sie eine ausgedehnte Auslandsreise unternehmen würde, um sich allen boshaften Beileidskundgebungen zu entziehen.

Aber dem war nicht so. Tatsächlich brach Regina unter dem Schlag fast zusammen, das frivole, übermoderne, als herzlose Kokotte verschriene Mädchen zog sich vollständig von der Welt zurück, und als sie nach Wochen den Besuch Demels annahm, sah dieser ein blasses, in Schmerz erstarrtes junges Weib vor sich, das innerlich gereift und veredelt zu sein schien. Demel gegenüber, der seit jeher die Gabe hatte, das unbedingte Vertrauen der Frauen zu erregen, ging sie aus sich heraus.

»Jetzt erst weiß ich, wie sehr ich Egon geliebt habe und – noch immer liebe! Ich weiß, was Sie sagen wollen: ein Mann, der seine Geliebte um ihres Schmuckes willen ermordet, ist eine Bestie in Menschengestalt, ist ein wildes Tier, das kein Mitleid verdient. Aber er leugnet ja, daß er den Mord begangen hat, und dann – wer kann wissen, was in ihm vorgegangen ist, wer kann in die geheimnisvollen Zuckungen eines menschlichen Gehirns blicken. Mich hat er geliebt, das weiß ich, und ich habe ihn geliebt, das ist mir heute stärkere Gewißheit als damals, da er mich küssen durfte.

Papa und Mama wollen durchaus, daß ich auf ein paar Wochen, bis der Prozeß vorüber ist, nach Paris oder London fahre. Ich kann mich aber dazu nicht entschließen. Stellen Sie sich nur vor: Egon hat keinen einzigen Menschen in Wien, der zu ihm hält, nicht einer ist da, der nicht heute schon den Stab über ihn bricht, nicht einer, der ihm in seiner Haft eine kleine Güte erweist! Und da soll ich auch noch vor ihm die Flucht ergreifen? Nein, wenn ich ihn auch nicht besuchen darf – das kann ich meinen Eltern nicht antun –, so weiß er doch, daß ich an ihn denke, daß ich hier bin –.«

Regina Rosenow begann zu schluchzen, und Demel, der tief erschüttert war, mußte doch leise lächeln und sagte sich: Wenn Frauen lieben, sind sie alle gleich! Das moderne überkultivierte Mädchen, das zynisch jede bürgerliche Moral verwirft, das kleine Nähermädchen, die Kokotte und Bürgersfrau – die Liebe nivelliert alle diese Unterschiede, die doch nur äußerlich sind.

Jetzt, allein im Café sitzend, erlebte Demel die Szene in der Villa Rosenow im Geiste wieder, dann sprangen seine Gedanken zu einem anderen Mädchen.

Grete Rumfort! Wie seltsam sich dieses liebliche schöne Kind in den wenigen Monaten, die er sie kannte, verändert hatte! Er biß sich auf die Lippen, ein quälendes Unmutsgefühl stieg in ihm hoch.

Vor etwa zwei Monaten hatte es begonnen. Grete war ihm gegenüber kalt, abweisend, fast verletzend geworden. Zu der Zeit hatte das begonnen, da sich die materiellen Verhältnisse der Rumforts überraschend besserten und Grete zur eleganten Dame wurde. Ein Dienstmädchen war aufgenommen worden, es roch, wenn er mittags nach Hause kam, nicht mehr nach Kraut und Kohl, sondern nach Braten und Butter, der kleine Erich trug einen neuen warmen Winterrock, Else desgleichen, sogar mit einem Pelzkragerl, und Grete sah tipptopp aus, wie eine junge Dame der wohlhabendsten Gesellschaft. So auffällig war der Umschwung gewesen, daß sich Otto Demel nicht hatte enthalten können, einmal Erich, als er ihn auf der Straße traf, auszuhorchen. Worauf ihm der Knabe erzählte, daß Grete bei einer sehr reichen alten Dame als Gesellschafterin engagiert sei und von ihr Geschenke und Geld in Hülle und Fülle bekomme.

Mehrmals war dann im Laufe der Zeit Demel mit Grete um ein, zwei, drei Uhr nachts vor dem Haustor zusammengestoßen, wenn beide nach Hause kamen. Und immer war es ihm gewesen, als ob Grete erschrecken, in Verlegenheit geraten würde, immer hatte sie sich in geradezu fieberhafter Hast geeilt, rasch von ihm loszukommen.

Demel lachte laut vor sich hin, daß ein paar Kaffeehausgäste verwundert aufsahen.

Mein deutsches Gretchen wird eben ein reiches Verhältnis gefunden, sich, wie es schließlich alle anderen tun, an den Meistbietenden verkauft haben! Narr, der ich war, daß ich nicht die vielen Gelegenheiten, die sich mir boten, beim Schopf genommen habe! Wirklich, nichts ist ärgerlicher, als auf versäumte Gelegenheiten zurückblicken zu müssen, und immer ist man ein Narr, wenn man sich mit moralischen Bedenken quält!

So sprach Demel in sich hinein, aber im Unterbewußtsein sah er immer wieder das liebliche Gesichterl Gretes vor sich, ihre großen klaren, reinen Augen, mit denen sie ihn angesehen hatte, wenn er ihr von der Welt da draußen, von seinem Beruf und den Menschen, die sie nicht kannte, erzählte. Es wurde ihm heiß, und er biß die Zähne zusammen. Und fragte sich selbst, ob das, was er empfand, nicht einfach Eifersucht, rasende Eifersucht war.

Ein Bekannter betrat das Kaffeehaus, begrüßte ihn. Es war dies Dr. Kellner, ein Beamter der Wiener Sittenpolizei. Demel forderte ihn auf, bei ihm Platz zu nehmen, aber der Beamte lehnte ab.

»Ich muß gleich gehen, weil ich eine größere Aktion vorhabe, die heute nacht durchgeführt wird.«

»Wieder einmal eine Razzia?«

»Jawohl, und noch dazu eine, die großes Aufsehen erregen wird. Übrigens, Herr Redakteur, wenn es Ihnen Spaß macht, Sie können mitgehen. Es wird sehr interessant werden. Melchiorgasse 56, dort heben wir ein famoses Nest aus.«

Demel war mehr als überrascht.

»Melchiorgasse 56, nebenan wohne ich! Natürlich gehe ich mit. Ich habe mir längst gewünscht, bei einer solchen Streifung einmal mit dabeizusein.«

Im Autotaxi erklärte Dr. Kellner die Situation.

»Wir wissen längst, daß dort eine Frau Greifer unter dem Deckmantel, einen großen Schneidersalon zu betreiben, nachts Zusammenkünfte von Herren und jungen Weibern veranstaltet. Bisher haben wir die Augen zugedrückt, weil es sich nur um erstklassige Lebeleute handelt und wir einen Skandal vermeiden wollten. Neuerdings treibt es die Kupplerin aber zu arg, wir haben Berichte, nach denen sie ganz junge Mädchen, zum Teil aus guten Häusern, an sich lockt, schamlos ausbeutet, und sich die Zusammenkünfte zu wahren Orgien ausgebildet haben.

So, da wären wir. Sehen Sie hier und dort diese Männer? Das sind meine Leute. Ich habe mir eine Empfehlung von einem Grafen Türk verschafft, der bis vor kurzem hier Stammgast war, also werden wir wohl anstandslos hineinkommen.«

Der Beamte begab sich nun mit Demel in die kleine Sackgasse, die das Haus Nummer 56 flankiert, und klopfte viermal an die verschlossene Türe des angeblichen Wohnungsvermittlungsbureaus. Dann schob er in die kaum einen Millimeter weit geöffnete Türspalte die Visitenkarte des Grafen Türk, auf der ein paar empfehlende Worte standen. Nun wurde die Türe ganz geöffnet, und Fräulein Henriette, die die Herren scharf musterte, ließ sie eintreten.

Im Vorraum legten sie ihre Oberröcke ab, wofür eine Garderobegebühr von zweihunderttausend Kronen per Person zu zahlen war. Dann führte sie die stattliche Dame, die, während Frau Greifer in der Küche mit den Champagnerflaschen und Likören beschäftigt war, den Hausfrauenpflichten nachkam, in das große Zimmer.

Rauch, Lärm, grelles Lachen, Klavierspiel umgab sie. Herren im Sakkoanzug, Smoking, Frack. An die zehn oder zwölf Mädchen, in tief ausgeschnittenen Abendkleidern, saßen neben den Herren, auf ihren Knien, tanzten, tranken Champagner, lachten und sangen.

Plötzlich wurde es finster, nur eine elektrische Lampe erhellte das Podium im Erker. Ein langer Wandschirm bildete eine Art Gang von der Türe eines Nebenzimmers bis zum Podium, so daß man die Gestalten, die das Podium betraten, erst sah, wenn sie es erreicht hatten.

Eine betrunkene Männerstimme rief: »Paßt's auf, jetzt kommt was ganz Feines!«

Zwei junge bildhübsche Geschöpfe erschienen auf dem Podium,

nur in seidene Tücher gehüllt, die sie langsam gleiten ließen. Beifallsklatschen, Johlen, Lachen, Schnaufen und Stöhnen begleiteten die Szene, die nun folgte.

Der Saal wurde wieder erhellt. Demel schüttelte sich und sagte dem Polizeibeamten:

»Ich habe zwar persönlich nichts dagegen, wenn sich erwachsene Menschen an solchen Schweinereien belustigen, aber ekelhaft ist es wirklich. Pfui Teufel!«

Was sich in den nächsten Minuten ereignete, geschah mit blitzartiger Geschwindigkeit, in dem rasenden Tempo eines allzu rasch abgewikkelten Films, in so jäher Aufeinanderfolge, daß Demel späterhin nur mühsam die Dinge rekonstruieren konnte.

Aus einem der Nebenzimmer drang die helle Stimme einer Frau, das lärmende Poltern von Männern, man hörte, wie ein Stuhl umgeworfen wurde. Die Tür flog auf, zwei betrunkene Herren schleppten ein Kind in resedagrünem Kleid, das Schultern und Arme frei ließ, herein, das Mädchen versuchte vergeblich, sich den brutalen Griffen der Männer zu entziehen, schluchzte und schrie, man möge es loslassen.

Eine grölende Männerstimme brüllte: »Hinauf auf das Podium mit dem Mensch, hier gibt's keine Ausnahmen, hier sind alle Huren!«

Eines der im Saal anwesenden Mädchen sprang vom Schoß ihres Herrn, klatschte in die Hände und schrie:

»Ganz recht, sie soll sich nur zeigen, die Gschamige! Wahrscheinlich hat sie nur Haut und Baner, weil sie sich net ausziehen will!«

Dröhnendes Gelächter, ein Beifallssturm, das Aufschreien des Mädchens, dem man das Kleid vom Leib zu reißen begann.

Inmitten des Tumultes war der Polizeibeamte Dr. Kellner verschwunden. Otto Demel aber stand mit weit aufgerissenen Augen da, starrte das gepeinigte und bedrängte Mädchen wie ein Gespenst an, sein Rückgrat versteifte sich in namenlosem Entsetzen, dann sprang er mit einem Wutschrei mitten in den Menschenknäuel hinein und brüllte mit gewaltiger Stimme:

»Loslassen, sonst schlag ich den Erstbesten nieder!«

Und schon hatte er Grete, die halb ohnmächtig in seinem Arm lag, umschlungen und weggezerrt.

In diesem Augenblick trat Panik ein. Von Kellner geführt, drangen fünf Männer mit hocherhobenen Revolvern in den Händen in den Saal ein, mit mächtiger Stimme rief Dr. Kellner:

»Hände hoch! Kein Mensch verläßt den Raum! Im Namen des Gesetzes!«

Der Rausch war verflogen, bleich und verwirrt standen die Männer da, die Mädchen schrien hysterisch auf, eine bekam Weinkrämpfe, eine wälzte sich auf dem Boden, eine andere ergriff blitzschnell ein auf dem Tisch liegendes Messer und hätte es sich, wäre sie nicht von einem der Detektive verhindert worden, in die Brust gestoßen.

Zwischen zwei Beamten wurde Frau Greifer, die wie eine Rasende um sich stieß, in das Zimmer gezerrt. Nur Fräulein Henriette stand majestätisch da, als ginge sie die ganze Sache nichts an, und lächelte verächtlich vor sich hin.

Die weitere Prozedur spielte sich rasch ab. Die Herren mußten sich legitimieren, die Mädchen, Frau Greifer, Fräulein Henriette, das Personal wurden einzeln abgeführt und in den inzwischen vorgefahrenen Arrestantenomnibus verfrachtet.

Demel hielt noch immer Grete, die leise vor sich hin weinte, im Arm, als ein Beamter auf ihn zutrat und barsch erklärte:

»Das Mädel kommt mit!«

Demel schob ihn mit dem freien Arm zurück.

»Das Mädchen wird nicht angerührt! Es steht unter meinem Schutz, ich übernehme für sie jede Garantie!«

»Wär noch schöner«, höhnte der Beamte, »hier gibt's keine Garantie, zuerst muß sie auf die Polizei mit, dann wird man schon sehen!«

Dr. Kellner trat hinzu, war überrascht, als er sah, daß Demel das Mädchen nicht freigeben wollte, lenkte ein und gab dem Unterbeamten einen Wink, sich zurückzuziehen. Er überlegte, daß man »oben« durchaus nicht erbaut davon wäre, wenn der hochgeachtete und wegen der Schärfe seiner Feder auch gefürchtete Journalist brüskiert werden würde.

Ohne ein Wort zu sprechen, führte Demel das wankende Mädchen nach der Garderobe, nahm seinen Hut und Rock und fragte mit rauher belegter Stimme, wo Grete ihre Sachen habe. Schaudernd zuckte sie zusammen und flüsterte:

»Drinnen, in einem der Zimmer. Aber ich gehe um keinen Preis zurück.« Wortlos legte Demel seinen Überrock über ihre nackten Schultern, ging an zwei Polizisten vorbei auf die Straße, sperrte das Tor des benachbarten Hauses Nummer 58 auf und betrat, ohne ein Wort zu sprechen, die gemeinsame Wohnung.

Mit einem kurzen Kopfnicken verabschiedete er sich im Vorzimmer von Grete und wollte sein Zimmer betreten. Aber Grete folgte ihm, blieb auf der Schwelle mit gefalteten Händen stehen und flüsterte, während ihr die Tränen über das blasse Kindergesicht liefen:

»Herr Demel, ich muß mit Ihnen noch sprechen. Ich schwöre Ihnen . . .«

Demel winkte ab.

»Schwören Sie nicht und sagen Sie nichts, Fräulein Grete! Ich würde doch nichts glauben. Das, was ich miterlebt habe, genügt mir vollkommen.«

»Nein, Sie wissen ja nicht – bitte, hören Sie mich an.«

»Lassen wir das, es hat keinen Zweck, ich will nichts wissen.«

Grete senkte den blonden Kopf und wollte das Zimmer verlassen. Demel rief sie zurück.

»Ich möchte Ihnen nur noch ein paar Worte sagen: Meinem Einfluß wird es hoffentlich gelingen, Sie vor jeder Untersuchung oder auch nur Vernehmung zu bewahren, so daß Sie nicht in den Skandal hineingezogen werden. Nun, die Kupplerin, die Sie in ihren Krallen gehabt haben dürfte, sind Sie ja los. Und für die nächste Zukunft brauchen Sie sich keine Sorgen zu machen. Bleiben Sie jetzt ein paar Wochen ruhig zu Hause, erholen Sie sich, dann werde ich mich für Ihr weiteres Fortkommen bemühen. Inzwischen gebe ich Ihnen einen Betrag, der für die nächste Zeit ausreichen dürfte. Sie können es von mir ruhig nehmen, ich verlange nichts dafür.«

Diese letzten Worte waren mit schneidendem Hohn gesprochen. Und Grete, aus deren Gesicht jeder Blutstropfen gewichen war, sah ihn nur mit großen Augen an. Nahm die Scheine, die er ihr in die Hand drückte, und schlich leise aus dem Zimmer.

Demel war allein. Er atmete tief auf und schlug die Hände vor das Gesicht. Rasender Schmerz, den er sich nicht erklären konnte und wollte, das Bewußtsein einer furchtbaren Herzensroheit, die er begangen hatte, Mitleid mit dem schönen Geschöpf, Abwehr gegen die eigene Weichheit, Haß gegen sich und die ganze Welt – ein Chaos von Empfindungen durchwühlte seine Seele.

Verlöschendes Licht

Marie Lechner, die nach kurzem Aufstieg und raschem Niedergang den Weg zurück in die freudlose Gasse gefunden hatte, lebte noch immer siech und elend bei ihrer Mutter, der Wäscherin, und ihrem Vater, dem ewig betrunkenen Invaliden.

Leben konnte man das eigentlich nicht nennen. Es war das Vegetieren einer kranken Pflanze, die ohne Licht und Luft langsam, aber sicher abstirbt. Tagsüber war Marie allein in der häßlichen Proletarierwohnung, kauerte still und tatenlos, die mageren abgezehrten Schultern in eine zerrissene, schmutzige Decke gehüllt, auf einem Stuhl beim Fenster, starrte in den dunklen, abscheulichen Hof, in dem den ganzen Vormittag Fragmente von Teppichen geklopft wurden, und gegen das winzige Stück Himmel, das, scheinbar ewig grau, hoch oben über den Dächern sichtbar war.

Von Zeit zu Zeit, in Pausen, die immer kürzer wurden, schüttelte ein häßlicher Husten ihren jungen Leib, und wenn der Husten vorüber war, floß ein dünner Blutfaden zwischen den bläulichen Lippen hervor auf die Decke, in die sie sich fester wickelte.

Abends, wenn die Mutter abgerackert heimkehrte, trank sie ein Häferl Kaffee oder Suppe, ließ sich auch überreden, eine Semmel zu verzehren, dann streckte sie sich auf dem Strohsack aus, schlief dumpf, schrie im Schlaf gellend, sprach unzusammenhängende Worte, die die Mutter mit Entsetzen und Furcht erfüllten.

Die beiden Frauen, die alte und die junge, sprachen nur selten miteinander. Nur ihre Blicke, die sich oft ineinander versenkten, erzählten von dem Jammer der alten, abgearbeiteten, gichtigen Proletariersfrau und der jungen, in Leidenschaft und Schmutz verkommenen Dirne.

Ihren Vater sah Marie fast gar nicht. Der verkrüppelte Trunkenbold hatte eine seltsame Scheu vor seiner Tochter, schlich lautlos des Nachts in seinen Winkel, verschwand frühmorgens ebenso lautlos, um seine Kneipen aufzusuchen.

Nur sehr selten verließ Marie das Haus. Und wenn sie es tat, erst spätabends. Sie eilte dann stadtabwärts, querte Seitengassen, bis sie die Gumpendorferstraße erreicht hatte, kroch hustend und blutspuckend die Treppen hinauf, bettelte eine Gefährtin aus jüngst vergangenen Tagen mit aufgehobenen Händen so lange an, bis diese ihr schimpfend und brummend das mitgebrachte Fläschchen mit trüber Flüssigkeit füllte. Und wenn Marie dann ging, dann blieb sie schon auf dem nächsten Treppenabsatz stehen, sah sich scheu um, hob den Kleiderrock, entblößte das entsetzlich abgemagerte Bein und versenkte die Spitze einer kleinen, eben gefüllten Spritze in das Fleisch.

Die Stunden, in denen das Morphium in ihren Adern und Nerven tobte, waren der einzige Lichtblick in ihrem Dasein.

Die Wochen kamen und gingen, Marie las keine Zeitung, wußte nicht, was in der Welt, in der Stadt, in der Melchiorgasse geschah, die roten Flecken auf den spitzen Backenknochen wurden immer röter, das Fieber ließ sie nicht mehr los, jedem Hustenanfall folgte ein Blutsturz, das Rasseln ihrer kranken Lungen hörte sich nachts schauerlich an. Die Mutter, die sich im Bett aufrichtete und angstvoll zu dem Strohsack horchte, auf dem Marie lag, hatte das Empfinden, daß dieses Rasseln dem Schärfen einer Sense glich. Und mehr als einmal in der Nacht sank die alte Frau weinend auf ihr Lager zurück, faltete die Hände und betete zu ihrem Schöpfer, er möge ihr armes Kind barmherzig zu sich nehmen.

Nie fragte Frau Lechner ihre Tochter, welch Leid ihr eigentlich geschehen war, welche Schicksalsschläge auf sie eingehämmert hatten, bevor sie todwund in die Melchiorgasse zurückgekehrt war.

Unausgesprochen blieb zwischen den beiden Frauen das Unaussprechliche.

Eines Abends aber, als der erste Frühlingsföhn in den Nerven der Menschen spielte und die trockene Erde begierig die warmen Regentropfen aufsaugte, lächelte Marie ihre eben heimgekehrte Mutter seltsam an und sagte mit einer Stimme, die kaum noch irdisch klang:

»Mutter, es ist eine Dummheit, ich weiß es – aber ich tät dich darum bitten – hol einen Geistlichen, damit er mir die Beichte abnimmt. Es geht zu Ende, Mutter, ich spür's und möcht halt doch nicht wie ein Hund verscharrt werden.«

Aufheulend wie ein mißhandeltes Tier lief die Wäscherin die vier Treppen hinab, um den Wunsch der Tochter zu erfüllen. Kam, nachdem sie von einer Kirche zur anderen gelaufen, mit einem jungen Priester zurück. Und wartete draußen auf dem Korridor eine volle Stunde, bis der Priester wieder ging.

Der Priester aber, der, rosig im jungen Gesicht, fast fröhlich gekommen war, ließ die Tränen über die aschfahl gewordenen Wangen laufen, als er ging. Und als er auf der finsteren Treppe allein war, machte er das Zeichen des Kreuzes über der Brust, faltete die feinen weißen Hände und rief schluchzend:

»Herr im Himmel, vergib uns unsere Schuld, wie auch wir vergeben unseren Schuldigern.«

Marie war, als die Mutter zu ihr kam, heiter, ihre Augen leuchteten, und sie verbrachte die halbe Nacht damit, daß sie ihren armen Körper wusch und pflegte und das Kleid, das sie als einziges in die Melchiorgasse zurückgebracht hatte, ausbesserte und flickte, bis es beinahe wieder stattlich aussah.

Morgens, als ihre Mutter wegging, um für fremde Leute zu waschen, war Marie längst wach. Sie schlang die mageren Arme um den Hals der Frau, küßte die runzeligen Wangen und sagte:

»Mutterl, ich hab heut einen Weg, von dem ich vielleicht nicht mehr zurückkommen werde. Möglich, daß wir uns nie, nie wiedersehen! Mutterle, verzeih mir alles, was ich dir angetan hab. Das Blut und die

Männer, die setzen uns armen Frauen arg zu, Mutterle. Und sei zum Vater recht gut, ist ja auch ein armer Teufel, der für sein Elend nichts kann!«

Als die Mutter fort war, wollte sich Marie erheben und anziehen. Aber immer wieder kam ein Hustenanfall, der sie auf den Strohsack warf, immer wieder mußte sie mit geschlossenen Augen eine Viertelstunde daliegen, um sich auszuruhen. Und es wurde Mittag, bevor sie die Melchiorgasse verlassen konnte.

Der Prozeß

Der Tag war gekommen, an dem der sensationellste Prozeß begann, den Wien seit Jahrzehnten erlebt hatte.

»Der Gentleman-Mörder vor Gericht« – seit Tagen sprach man von nichts anderem, und seit Tagen gab es für Tausende nur eine Frage: Wie verschaffe ich mir die Möglichkeit, dem Prozeß beizuwohnen? Das Landesgerichtspräsidium gab Einlaßkarten aus, aber diese waren längst vergriffen, und als mit der Auslosung der Geschworenen um neun Uhr morgens begonnen wurde, waren die Bänke der Gerichtssaalberichterstatter und der Anwälte gefüllt, während draußen vor dem Tor des Landesgerichtes Hunderte von Menschen harrten, in der Hoffnung, wenigstens durch die ein und aus gehenden Gerichtssaaldiener hie und da ein Detail aus dem Prozeß zu erfahren.

Im Zuhörerraum sah es wie bei einer Sensationspremiere aus, die Finanz- und Bankmagnaten mit ihren Frauen, berühmte Schauspieler und Sänger, Maler und Schriftsteller, Lebedamen und Mitglieder der früheren Aristokratie saßen dicht aneinandergedrängt und harrten in fieberhafter Spannung der Dinge, die nun kommen sollten.

Es dauerte fast eine Stunde, bevor die Geschworenenbank zusammengestellt war. Sie bestand schließlich zum großen Teil aus Angehörigen intellektueller Berufe, von den zwei weiblichen Geschworenen war die eine Lehrerin, die andere Ärztin. Verteidiger war Dr. Valentin, Staatsanwalt der wegen seiner Schärfe gefürchtete Tupfer, Präsident Hofrat Schwarz.

Als der Angeklagte hereingeführt wurde, entstand ein Raunen und Wispern im Saal. Egon Stirner war tadellos gekleidet, er schien ruhig und gefaßt zu sein, hielt die flackernden Augen fast immer halb geschlossen.

Die Anklageschrift wurde verlesen. Mit knapper Logik entwickelte sie die Vergangenheit Stirners, sein Eindringen in die Wiener Gesellschaft, die Beziehungen zu Frau Lia Leid, ihren schrecklichen Tod, die Suche nach dem Mörder, die Mission der Frau Liane Christens, die Verhaftung des Mörders, der in ebenso frivoler wie feiger Weise den Diebstahl der Juwelen eingestand, den Mord aber leugnete.

Stirner wurde vor die Schranken gerufen, und das Verhör durch den Präsidenten begann.

Nach Abnahme der Generalien stellte der Präsident die übliche Frage, ob sich der Angeklagte schuldig bekenne. Mit erhobener Stimme antwortete Stirner:

»Ich bin am Tode der Frau Lia Leid vollständig unschuldig!«

»Soll ich Sie über den Hergang der Affäre befragen, oder wollen Sie eine zusammenhängende Darstellung geben?«

Stirner entschied sich für letzteres und begann:

»Als ich Beamter der Mitteleuropäischen Kreditbank wurde, war es natürlich mein Wunsch und Bestreben, dem Präsidenten der Bank, Herrn Rosenow, aufzufallen und mit ihm in Berührung zu treten. Die Gelegenheit ergab sich durch einen Zufall. Mir kam eine amerikanische Zeitung zu Gesicht, die sich in ihrer wirtschaftlichen Beilage mit den Finanzverhältnissen Österreichs befaßte und dabei gewisse Transaktionen der Mitteleuropäischen Kreditbank einer scharfen Kritik unterzog. Ich übersetzte den Artikel, ließ mich bei Herrn Rosenow melden und legte ihm Original und Übersetzung mit der Bemerkung vor, daß ich gerne dem Blatt eine sachliche Erwiderung einschicken würde. Herr Rosenow gab mir das Material, und als ich nach vier Wochen die Nummer der Zeitung mit meiner Erwiderung zugeschickt erhielt, überreichte ich sie dem Präsidenten, der mir seinen Dank aussprach und mir versprach, mich bei nächster Gelegenheit in das Sekretariat zu transferieren. Es geschah dies auch später.

Eines Abends, zu Ende des Sommers, als die Familie des Herrn Präsidenten vom Land zurückgekehrt war, hörte ich zufällig, wie Herr Rosenow telefonisch ein Rendezvous mit dem Rechtsanwalt Dr. Leid und dessen Gattin beim Eisvogel im Prater vereinbarte. Ich begab mich abends auch dorthin, schlenderte mehrmals am Tisch des Präsidenten vorbei und suchte scheinbar vergeblich nach einem freien Platz. Ich erreichte meinen Zweck, Herr Rosenow bemerkte mich, flüsterte mit den Damen, rief mich an seinen Tisch und lud mich ein, Platz zu nehmen.

Es ist mir peinlich und schwer, über das folgende zu sprechen, aber es muß geschehen, da es sich schließlich für mich um Sein oder Nichtsein handelt. Frau Lia Leid war meine Tischnachbarin, und ich war von ihrer Schönheit fasziniert, obwohl mir Fräulein Rosenow, die mir gegenüber saß, ihrer ganzen Art und Erscheinung nach sympathischer war. Aber in Frau Leid sah ich das rassige eroberungslustige Weib, sah die Möglichkeit einer intimeren Bekanntschaft, fühlte, daß sie mir vom ersten Augenblick an entgegenkam.

Ich darf es wohl unterlassen, Einzelheiten über die Entwicklung unserer Freundschaft zu erzählen. Genug damit, daß mir Lia Leid, die ich fast täglich in ihrer Wohnung anrief, wie sie auch mich täglich in der Bank antelephonierte, sehr bald ein Rendezvous gewährte. Wir trafen uns in einem entlegenen Kaffeehaus, fuhren mit dem Auto in die Umgebung Wiens und kamen fast täglich zusammen. Diese Zusammenkünfte waren für mich mit erheblichen Geldausgaben verbunden, denen ich bei meinem kleinen Einkommen nicht gewachsen war. Ich begann fast ohne Deckung an der Börse zu spielen, hatte auch Glück und kam bald zur Überzeugung, daß ich bei der herrschenden Konjunktur nur eines großen Kapitals bedürfe, um reich, sehr reich zu werden.

Es ist schwer, wenn nicht unmöglich, hier in nüchternen Worten zu erklären, wie sich der Wunsch, reich zu werden, meiner mit zunehmender Heftigkeit bemächtigte, mich Tag und Nacht verfolgte, wie Pläne in mir entstanden und wieder verworfen wurden. Bis eines Tages Lia Leid mir von ihrem Schmuck erzählte und mitteilte, daß sie eine Perlenschnur besitze, deren Wert fast unschätzbar sei.

Die Situation gestaltete sich für mich, wenn ich so sagen darf, sehr günstig. Lia und ich waren einig darin, daß unser bisher platonisches Verhältnis ein intimes werden sollte, und ich ging daran, ein geeignetes Absteigequartier zu suchen, da ich in dem möblierten Zimmer, das ich bewohnte, Damenbesuche nicht empfangen durfte. Gleichzeitig aber bekam ich von meinem Präsidenten eine Einladung zu einem Souper, bei dem auch Doktor Leid und seine Gattin anwesend sein würden.

Lia, immer voll von exzentrischen Launen und bizarren Einfällen, war es, die auf die Idee kam, unmittelbar vor dem Souper mit mir eine Stunde allein zu sein. Ich erinnere mich an jedes ihrer Worte. Sie sagte:

›Es wird herrlich sein, wenn wir uns nach einer tollen Stunde bei den Rosenows begegnen, als wäre nichts geschehen, wenn wir gleichgültig miteinander plaudern und tanzen werden, während unsere Blicke sich ineinander versenken und von dem, was wir erlebt haben, sprechen.‹

Dann erzählte sie von dem neuen Abendkleid, das eben fertig geworden war, worauf ich fast mechanisch fragte, ob sie ihren kostbaren Schmuck anlegen werde.

›Wenn es dir gefällt, werde ich mich von oben bis unten mit Diamanten und Perlen behängen‹, erwiderte sie, und wie im Traum versicherte ich, daß dies mein Wunsch wäre.

Durch eine Annonce im ›Tagblatt‹ fand ich am Tag vor dem Souper das Absteigequartier in der Melchiorgasse bei der Frau Merkel und arbeitete meinen Plan in allen Details aus.«

Stirner, der unter lautloser Stille gesprochen hatte, machte eine Pause, die vom Präsidenten unterbrochen wurde.

»Das heißt, Sie bereiteten sich darauf vor, Frau Leid zu ermorden und zu berauben.«

»Durchaus nicht. An einen Mord dachte ich nicht einen Augenblick, sondern nur daran, den Schmuck an mich zu bringen. Meine Argumentation war folgende: Es war verabredet, daß ich vor Frau Lia das Absteigequartier verlassen würde. Nun, beim Fortgehen würde ich die Perlen und so viel als möglich von dem anderen Geschmeide an mich nehmen und mich unbemerkt damit entfernen.

Ich kam verabredungsgemäß einige Minuten vor Lia. Sie hatte tatsächlich ihren ganzen Schmuck an, den sie dann ablegte. Auf meinen Wunsch auch die Ringe. Sie legte alles neben ihr Täschchen auf den Tisch in der Mitte des Zimmers, worauf ich meinen Hut so auf den Tisch vor den Schmuck und den Pompadour legte, daß der Hut zwischen diesen Dingen und dem Diwan sich befand und den Blick vom Diwan auf den Schmuck verdeckte.

Die weiteren Ereignisse im Zimmer darf ich wohl mit Stillschweigen übergehen. Gegen neun Uhr kleidete ich mich rasch wieder an, wobei nur eine kleine Tischlampe auf einem Schreibtisch in der Ecke leuchtete, so daß es fast ganz dunkel im Zimmer war. Frau Lia blieb auf dem Diwan liegen, und ich konnte in aller Ruhe dem offenen Täschchen eine Rolle Banknoten entnehmen und sie zusammen mit den Perlen, den Ringen, Nadeln und Armbändern und so weiter in die Taschen meines Raglans tun. Ich gab Lia einen Abschiedskuß und entfernte mich – dies ist die reine, lautere Wahrheit! Alles andere ist durch die beiden italienischen Händler bekanntgeworden. Ich habe den Schmuck in Genua zu Geld gemacht und bin dann nach Wien zurückgekehrt.«

»Davon werden wir später sprechen«, sagte der Präsident. »Sie wollen uns also glauben machen, daß Frau Leid lebte, als Sie sie verließen, und Sie auch gar nicht die Absicht hatten, sie zu ermorden. Wozu war dann die Verkleidung, warum legten Sie sich einen Spitzbart an und trugen einen Kneifer?«

»Das kann ich leicht erklären, Herr Präsident. Als ich Frau Leid von dem Absteigequartier in der Melchiorgasse Mitteilung machte, erzählte ich ihr, daß ich in derselben Gasse vor Jahren ein Verhältnis mit einem schönen Mädchen gehabt und auch in dem Salon einer Frau Greifer, die Zusammenkünfte zwischen Lebemännern und Mädchen veranstaltete, verkehrt habe.

Nun war Frau Leid trotz ihres Leichtsinnes sehr ängstlich, und sie erklärte kategorisch, die Melchiorgasse nicht betreten zu wollen, da sie fürchte, daß ich dort erkannt werde und allerlei Kombinationen entstehen könnten. Ich beruhigte sie mühsam, indem ich ihr feierlich versprach, mich durch einen Spitzbart und Zwicker unkenntlich machen und mit der Frau Merkel nur in der Dunkelheit sprechen zu wollen. Ich hielt dies schließlich auch selber für ratsam, da es mir nicht angenehm gewesen wäre, von Leuten, die das erwähnte Mädchen kennen, erkannt zu werden.«

»Angeklagter, fühlen Sie denn nicht selbst, daß Ihre ganze Verantwortung vollständig unglaubwürdig klingt? Sie geben den Diebstahl zu, besser gesagt, es blieb Ihnen nichts anderes übrig, als ihn angesichts Ihrer Identifizierung durch die italienischen Juwelenhändler zuzugeben. Wer aber sollte dann Frau Leid ermordet haben? Hätten Sie sich, ohne sie bestohlen zu haben, von ihr entfernt, so läge immerhin die Möglichkeit vor, daß die Quartiersfrau oder ein Verbündeter von ihr den Mord begangen habe, um sich in den Besitz des Geldes und Schmuckes zu setzen. Aber Geld wie Schmuck haben Sie ja genommen. Wer nun sollte ein Interesse daran haben, die Frau umzubringen?«

»Verzeihung, Herr Präsident, aber zur Beantwortung dieser sicher sehr wichtigen Frage ist doch wohl die Polizei da! Ich kann nichts sagen, als daß Frau Leid unversehrt und lebendig war, als ich sie verließ.«

»Sie haben also das Absteigequartier verlassen, sich in ein benachbartes Haus begeben und dort den Spitzbart abgenommen. Was haben Sie mit ihm und dem Kneifer getan?«

»Beides in die Tasche gesteckt.«

»Dann sind Sie mit einem Autotaxi nach Pötzleinsdorf gefahren, um an dem Souper bei Rosenows teilzunehmen. Da muß es Ihnen doch aufgefallen sein, daß Frau Leid so lange nicht kam?«

»Jawohl, aber ich brachte das in Zusammenhang mit meiner Entwendung des Schmuckes. Ich dachte, Frau Leid würde lange suchen und schließlich, vollkommen verwirrt, nochmals nach Hause gefahren sein, um nachzusehen, ob sie den Schmuck wirklich angelegt habe. Übrigens war ich über ihr Nichterscheinen sehr froh, denn der Gedanke, ihr, deren Vertrauen ich so schnöde mißbraucht habe, in die

Augen zu sehen, vor ihr als Dieb dazustehen, war mir unerträglich. Allerdings auf die Gefahr hin, daß mir dies niemand glaubt, versichere ich, daß ich den Schmuck nur versetzen wollte. Ich war ganz sicher, das Geld an der Börse rasch vervielfachen zu können, und hätte dann den Schmuck ausgelöst und Frau Lia zurückgestellt.«

Ein höhnisches Auflachen im Zuhörerraum, die skeptischen Mienen der Geschworenen, ein »Na, na!« des Staatsanwaltes bewiesen, daß wirklich niemand im Saale den Worten Stirners Glauben schenkte.

»Was taten Sie nun, als Herr Otto Demel vom Telephon mit der Nachricht kam, daß in der Melchiorgasse eine schöne, junge, elegante Frau ermordet aufgefunden worden sei und Doktor Leid ohnmächtig zusammenbrach?«

»Ich war sofort davon überzeugt, daß dies Frau Lia sei. Einen Augenblick war ich nur über das Geschehnis entsetzt, dann aber sagte ich mir, daß der Verdacht, der Mörder zu sein, logischerweise auf mich fallen müsse. Ich begab mich mit dem Redakteur nach der Melchiorgasse, ging aber nicht mit in das Haus hinein, sondern nach dem Café Payr, wo ich Herrn Demel erwartete. Auf dem Weg in das Kaffeehaus erinnerte ich mich, daß mir jetzt der Besitz des falschen Bartes verhängnisvoll werden könnte, und ich warf ihn wie auch den Zwicker durch die Lücken eines Kanalgitters. Nun konnte ich natürlich auch meinen Vorsatz, den Schmuck in Wien zu versetzen, nicht ausführen, sondern benützte eine noch rückständige Urlaubswoche, um nach Genua zu fahren, wo, wie ich wußte, genug Händler, die auch verdächtigen Schmuck kaufen, leben. Ich erhielt eine Million Lire von den Herren Fosci und Barga, kehrte nach Wien zurück, spekulierte an der Börse und führte eine starke Hausse in Holzwerten herbei. Ich verabsäumte es, meine Engagements rechtzeitig zu lösen, die Kontermine kam mir zuvor, und so büßte ich alles ein, was mir dieser unselige Diebstahl gebracht hatte.«

Der Staatsanwalt stand auf.

»Worauf Sie die Tochter Ihres Chefs in Ihre Netze lockten. Es gelang Ihnen tatsächlich, die junge, sehr reiche Dame zu einer Verlobung mit Ihnen zu bestimmen. Allerdings wenige Stunden vor Ihrer Verhaftung, so daß aus diesem großzügigen Fischzug nichts wurde.«

Stirner wurde dunkelrot im Gesicht und richtete sich hoch auf:

»Herr Staatsanwalt, ich spreche Ihnen das Recht ab, über meine Empfindungen und Absichten Fräulein Rosenow gegenüber zu sprechen. Dieses Thema steht hier nicht zur Diskussion.«

Der Staatsanwalt fuhr auf und wollte scharf erwidern, aber der Präsident winkte ab und stellte an Stirner noch eine Frage:

»In Ihren Personalakten liegt eine militärische Information, die den Verdacht ausdrückt, daß Sie, während Sie in der Schweiz vom Generalstab infolge Ihrer Sprachkenntnisse zu Informationsdiensten verwendet wurden, gleichzeitig für Frankreich und England Spionagedienste leisteten. Sie sollen auch einigemal Deutsche von Genf aus auf französischen Boden gelockt und dort den Behörden überliefert haben.«

»Ich bestreite das auf das entschiedenste. Um die Wahrheit zu gestehen, habe ich sowohl die österreichischen Militärbehörden wie die französischen und englischen zum Narren gehalten. Ich habe weder uns noch den anderen Spionagedienst geleistet, sondern mich von beiden Seiten zahlen lassen, ohne auch nur das geringste dafür zu tun. Wenn ich Geld brauchte, begab ich mich zum französischen Konsul in Genf und erzählte ihm eine erfundene Geschichte von einem Deutschen, den ich über die Grenze gelockt habe. Der Konsul konnte sich schwer erkundigen, ob ich die Wahrheit gesprochen hatte, und zog es vor, mir ohne weiteres zu glauben.«

Die Ausführungen Stirners erregten im Auditorium eine gewisse Heiterkeit, wie denn überhaupt das Grauen, das man vor Stirner empfunden hatte, langsam zu weichen begann.

Als nächste Zeugen wurden mit Hilfe eines Dolmetschers die beiden Italiener aus Genua, dann der Schusterjunge, der Stirner mit und ohne Spitzbart gesehen hatte, vernommen. Ihre Aussagen waren uninteressant, da sie ja nur Dinge bestätigen konnten, die Stirner ohnedies zugab.

Die allgemeine Aufmerksamkeit wandte sich erst wieder Frau Merkel, der Vermieterin des Absteigequartiers in der Melchiorgasse 55, zu.

Zuerst zitterte Frau Merkel am ganzen Leib und konnte kein Wort herausbringen, dann, als sie sich beruhigt hatte, wurde sie so weitschweifig, daß sie den Präsidenten zur Verzweiflung brachte. Nachdem sie lang und breit erzählt hatte, wie und warum sie ein Zimmer vermietete, wie diskret sie sei und daß sie, als der spitzbärtige Herr mit seiner Dame sich im Zimmer eingeschlossen, zwar einigemal an der Tür gehorcht, aber nichts weiter gehört habe als das, was man bei solchen Affären zu hören pflegt, schilderte sie aufgeregt, wie sie, nachdem der Herr gegangen war, bis kurz vor zehn Uhr auf den Fortgang der Dame gewartet, dann geklopft, aber keine Antwort bekommen und schließlich die Polizei alarmiert habe, die von einem in der Nachbarschaft wohnenden Schlosser die Zimmertüre öffnen ließ, worauf man die schöne elegante Frau auf dem Diwan als Leiche fand.

Der Präsident: »Frau Merkel, passen Sie gut auf und beantworten

Sie meine Frage mit größter Gewissenhaftigkeit. Der Angeklagte behauptet, daß Frau Lia Leid am Leben war, als er sie verließ, sie also zwischen neun und zehn Uhr abends ermordet worden sein müsse. Nach dem gerichtsärztlichen Befund ist Frau Leid zwischen neun und halb zehn Uhr ermordet worden, eher gegen neun Uhr als gegen halb zehn. Wenn der Angeklagte die Wahrheit sprechen würde, müßte sich unmittelbar nach seiner Entfernung jemand in das Zimmer geschlichen und Frau Leid erwürgt haben. Auf Sie selbst, Frau Merkel, fällt keinerlei Verdacht, schon deshalb nicht, weil ja Stirner erwiesener- und eingestandenermaßen das Geld und die Juwelen gestohlen hat, so daß, wenn er nicht der Täter wäre, von einem Raubmord keine Rede sein könnte. Halten Sie es nun für möglich, daß jemand, nachdem Stirner fortgegangen ist, die Wohnung betreten hat?«

»Ganz ausgeschlossen, Herr Gerichtshof! Das könnte nur geschehen, wenn die Wohnungstüre offengeblieben wäre. Aber sofort, wie der Herr weggegangen ist, bin ich aus der Küche ins Vorzimmer getreten, habe das Licht aufgeknipst und die Sicherheitskette an der Wohnungstür angelegt.«

»Wozu haben Sie das getan?« fragte der Verteidiger. »Sie mußten doch annehmen, daß einige Minuten später die Dame die Wohnung verlassen würde.«

Frau Merkel kicherte verlegen.

»Um die Wahrheit zu sagen, Herr Kaiserlicher Rat, ich hab halt doch sehen wollen, wie die Dame ausschaut, und dachte mir, sie wird in der Dunkelheit die Kette nicht so schnell abnehmen können, so daß ich sie mir durch die Türspalte anschauen kann.«

Der Präsident, der Staatsanwalt und der Verteidiger lächelten über dieses Muster einer diskreten Vermieterin.

Der Verteidiger: »Frau Merkel, Sie werden jedes Wort, das Sie hier sagen, beschwören müssen. Ich frage Sie: Sind Sie ganz sicher, daß sich zur kritischen Zeit außer Ihnen und dem Paar im Absteigequartier niemand in der Wohnung befunden hat?«

»Ausgeschlossen, gnä' Herr! Die Wohnung besteht ja nur aus zwei Zimmern, Küche, Vorzimmer und einer Dienstbotenkammer, die als Badezimmer benützt wird und in die Küche führt, weil ich mir kein Mädel nicht leisten kann. Der große Salon ist das Zimmer, in dem die Herrschaften waren, und in das andere Zimmer bin ich alle Augenblick gegangen, weil das mein Schlafzimmer ist, in dem die Nähsachen liegen.«

»Nochmals: Sie halten es für absolut unmöglich, daß an diesem verhängnisvollen Abend jemand ohne Ihr Wissen die Wohnung betreten oder verlassen hat?«

Frau Merkel dachte nach: »Betreten hätt die Wohnung unmöglich jemand können, schon deshalb nicht, weil ich ja die Sicherheitsketten vorgelegt habe. Aber fortgehen – das wär schon eher möglich gewesen. Wie die Dame so lange geblieben ist, hab ich mir eh' gedacht, daß das eine ganz Schlaue ist, die sich auf den Fußspitzen entfernt und leise die Sicherheitsketten herunter gemacht hat. Das wär schon möglich, wenn einer vorsichtig sein tut. Aber wie ich dann zuerst geklopft und dann gesehen hab, daß die Zimmertüre versperrt ist, da hab ich gewußt, daß etwas nicht in Ordnung ist und hab eine Angst gekriegt und – «

»Schon gut, das wissen wir bereits! Hat noch jemand an die Zeugin eine Frage? Nein, dann wird Herr Doktor Leid vorgerufen.«

Ein Raunen und Flüstern ging durch den Schwurgerichtssaal, als der berühmte Rechtsanwalt Doktor Leid, der so oft in diesem Raum eine hervorragende Rolle gespielt hatte, nun als Zeuge, um gegen den Mörder seiner Frau auszusagen, vor Gericht stand. Seinen vielen Bekannten, die den Saal füllten, schien es, daß Dr. Leid nicht mehr so zusammengebrochen war wie vor wenigen Wochen noch, er hatte sich scheinbar wiedergefunden, auch das nervöse Gesichtszucken, das seine Freunde mit Besorgnis an ihm beobachtet hatten, war geschwunden.

Der Präsident fragte nach Erledigung der üblichen Formalitäten:

»Herr Doktor, hatten Sie irgendwelchen Verdacht, daß zwischen Ihrer Frau und Egon Stirner unerlaubte Beziehungen bestehen könnten?«

»Nein, durchaus nicht. Ich wußte, daß er zu den zahlreichen Hofmachern meiner Frau gehörte, nahm auch als selbstverständlich an, daß sie ihn wie andere Bekannte bei den jetzt üblichen Tanztees am Nachmittag treffen würde, hatte aber sonst keinerlei Mißtrauen, wie es mir überhaupt ferne lag, meine Frau auch nur in Gedanken der Untreue zu verdächtigen.«

»Haben Sie späterhin jemals die Möglichkeit erwogen, daß Stirner der Mörder Ihrer Frau sein könnte?«

»Nicht im entferntesten! Erst als mir Frau Liane Christens nach ihrer Rückkehr aus Italien von der seltsamen Mission erzählte, die sie freiwillig unternommen hat, zweifelte ich nicht daran, in diesem Manne den Mörder zu wissen.«

»Stellen Sie Schadensersatzansprüche?«

»Nein, ich will von diesem unseligen Schmuck, der meine arme Frau das Leben gekostet hat, nichts mehr wissen, würde ihn nicht bei mir dulden, auch wenn ich ihn zurückbekommen könnte.«

Das Verhör mit Dr. Leid war beendet, er blieb im Saal und folgte mit Interesse der Vernehmung der nächsten Zeugin, Frau Liane Christens. Ihre schöne vornehme Erscheinung fand im Saal Bewunderung, mehr noch ihr eigenartiger italienischer Reisebericht, und mehr als einmal mußte der Präsident das Auditorium energisch um Ruhe ermahnen. Frau Liane nahm dann neben dem Rechtsanwalt Platz.

Als nächster Zeuge kam der Generaldirektor der Mitteleuropäischen Kreditbank, Herr Jonas Rosenow, an die Reihe. Für das Publikum war sein Erscheinen eine pikante Sensation, man erwartete einen Wutausbruch des großen Finanzmannes gegen den Gentleman-Raubmörder, der beinahe sein Schwiegersohn geworden wäre. Aber diese Erwartung wurde getäuscht. Herr Rosenow beherrschte sich vollständig, blieb gelassen und kühl und beantwortete die Frage des Verteidigers, ob er den Angeklagten eines Raubmordes für fähig gehalten hätte, folgendermaßen:

»Keine Idee! Oder glauben Sie, daß ich die Verlobung meiner Tochter mit einem Mann, den ich für einen Verbrecher halte, geduldet hätte?«

Nachdem der Polizeibeamte Horak die Geschichte der Verhaftung Stirners erzählt hatte, trat als letzter Zeuge der Journalist Otto Demel vor die Schranken. Auf die Einvernahme Regina Rosenows hatte der Vorsitzende taktvollerweise verzichtet.

Auf Befragen des Vorsitzenden erzählte Demel von seiner flüchtigen Bekanntschaft mit Stirner, die eigentlich erst am Abend des Mordes ein wenig intimer geworden sei.

»Fiel Ihnen, als Sie den Gästen der Familie Rosenow von dem Mord in der Melchiorgasse erzählten, an Herrn Stirner eine Veränderung auf?«

»Schon deshalb nicht, weil ich ihn nicht weiter beachtete, sondern meine ganze Aufmerksamkeit meinem Freund Doktor Leid schenkte. Als ich mich mittels Auto nach dem Tatort begab, schloß sich Stirner mir an, und nun erst erinnerte ich mich, irgendwelches Getratsch über Beziehungen zwischen ihm und Frau Lia gehört zu haben. Ich fragte ihn, ob er nicht zu den sehr gut Bekannten der Leids gehöre, und er verneinte dies, ohne irgendwelche sonderliche Verlegenheit.«

»Ist es Ihnen nicht aufgefallen, daß Stirner mit Ihnen nicht das Mordhaus betreten wollte, sondern in einem Kaffeehaus auf Sie wartete?«

»Das erschien mir durchaus nicht auffällig, da er schließlich dort nichts zu suchen hatte und es nicht jedermanns Sache ist, die Leiche einer ermordeten Frau zu besichtigen.«

»Und im Café Payr, in dem Sie später Stirner trafen – wie hat er sich da benommen?«

»Absolut nicht auffällig. Er schien sehr erschüttert zu sein und zeigte plötzlich Zeichen von Abspannung und Müdigkeit, was mir nur selbstverständlich erschien.«

Der Verteidiger erhob sich:

»Herr Redakteur, Ihr Beruf hat Sie ja wohl zum Menschenkenner gemacht. Nun, würden Sie, ohne weitere Kenntnis belastender Tatsachen, meinen Klienten für einen Raubmörder halten?«

Der Staatsanwalt protestierte gegen diese Suggestivfrage, der Präsident aber beschloß, ihre Beantwortung zuzulassen. Demel sagte:

»Ich muß gestehen, daß mir Herr Stirner nicht eben sympathisch war. Er machte auf mich den Eindruck eines skrupellosen Strebers, und seine flackernden, unruhigen Augen sind nicht die eines ehrlichen aufrichtigen Menschen. Den Typus des gewalttätigen Menschen oder gar des Mörders kann ich in ihm aber wirklich nicht erblicken. Dazu fehlen ihm vor allem die Degenerationsmerkmale bei der Ohren- und Schädelbildung.«

Der Staatsanwalt lachte laut.

»Ich erinnere an den fünf- oder sechsfachen Frauenmörder Hugo Schenk, der ein bildschöner Mensch mit sanften Augen war und keinerlei Verbrechermerkmale besaß.«

Nochmals rief der Präsident den Angeklagten vor:

»Angeklagter, Sie sind doch ein intelligenter Mensch und müssen selbst fühlen, daß niemand im Gerichtssaal Ihrer Verantwortung Glauben schenken kann. Wollen Sie nicht doch lieber ein Geständnis ablegen, das schließlich auf die Strafbemessung mildernden Einfluß nehmen könnte?«

Um Stirners Lippen zuckte es, und seine Antwort kam stockend und leise:

»Ich weiß ganz genau, daß ich ein verlorener Mann bin und mein Leben im Gefängnis beschließen werde. Ich weiß auch, daß, wenn ich den Mord zugeben würde, ich vielleicht mit fünfzehn Jahren Gefängnis davonkäme.

Einen Mord habe ich aber nicht begangen, ja, nicht einmal einen Diebstahl. Vorhin hatte ich zugegeben, daß ich den Schmuck der Frau Lia Leid gestohlen hatte. Jetzt, wo Sie, Herr Präsident, mich so eindringlich fragen und ich vielleicht nie wieder Gelegenheit haben werde, öffentlich zu sprechen, erkläre ich, daß mein Geständnis weit über die Wahrheit hinausgeht. Die Sache verhält sich folgendermaßen: Halb scherzhaft, halb im Ernst fragte ich Frau Leid am Tage vorher, ob sie mir ein paar hundert Millionen für eine große Börsentransaktion leihen würde, bei der ich sicher sei, gewaltige Beträge zu verdienen. Sie erklärte, über keine größeren Beträge zu verfügen, ließ sich aber dann von mir genau auseinandersetzen, welche Börsentransaktion ich vorhabe. Was ich ihr sagte, leuchtete ihr ein, und sie war es, die mir ihren ganzen Schmuck zum Versetzen anbot. Und dein Mann? fragte ich. ›Ach was‹, erwiderte sie, ›der, wenn ihm auffällt, daß ich keinen Schmuck mehr trage, so sage ich ihm, ich sei jetzt nicht für Juwelen gestimmt. Und nach ein paar Tagen oder Wochen würdest du mir ja den Schmuck zurückgeben können.‹

Ich ging auf ihr Anerbieten nicht näher ein, war aber fest entschlossen, den Schmuck zu versetzen. Ich kam nicht mehr dazu, mit ihr darüber zu sprechen, in der Stunde, da ich sie im Zimmer der Frau Merkel in meinen Armen hielt, wollte ich es nicht tun, und so nahm ich dann, als ich fortging, alles mit, auch den Barbetrag von etwa zwanzig Millionen, den sie mir, um mich aus meiner damaligen Geldklemme zu befreien, dringend angeboten hatte. Ich dachte mir, daß sie, wenn sie beim Ankleiden das Fehlen des Schmuckes bemerkt, ohnedies den Sachverhalt erkennen wird. Später, bei Rosenows, hatte ich doch ein recht peinliches Gefühl, dachte, daß Lia besorgt und verstimmt sein könnte, es bangte mir ordentlich vor dem Augenblick, da sie mir gegenübertreten würde. Dann, als ich die ganze furchtbare Wahrheit erfuhr, blieb mir logischerweise nichts mehr übrig, als den Schmuck, dessen ich mich in Wien nicht entäußern konnte, im Ausland zu Geld zu machen.

Warum ich das nicht dem Untersuchungsrichter gegenüber, warum nicht im vorangegangenen Verhör gesagt habe? Weil ich genau wußte, daß man mir kein Wort glauben, ich durch eine so märchenhaft klingende Geschichte meine Lage nur noch verschlechtern würde. Ich habe mich jetzt, in letzter Minute, doch dazu entschlossen, weil ich sehe, daß ich so und so verloren bin.«

Die Mienen der Richter, das Murmeln und Lachen im Auditorium bewiesen, daß man Egon Stirner wirklich kein Wort glaubte.

Damit war das Beweisverfahren beendet, und der Präsident erteilte dem Staatsanwalt das Wort.

Die große Sensation

Staatsanwalt Tupfer sprach mit schneidender Schärfe. Es stehe, sagte er, vor den Geschworenen der Typus einer neuen, abscheulichen Zeit: ein Glücksjäger im schlimmsten Sinne des Wortes, ein Raffer, der um jeden Preis reich werden wolle, nicht durch emsige produktive Arbeit, sondern mühelos, über Nacht, auf Kosten der Allgemeinheit. Und wenn es so leichter und bequemer ist, so auch über Leichen. Glücksjäger und Frauenjäger! Und er habe es verstanden, das eine mit dem anderen zu verbinden. Er habe sich in die reiche Familie seines Chefs geschlichen, dort nach einem Opfer gefahndet und es in der Person der schönen leichtsinnigen Advokatenfrau gefunden. Ihr herrlicher Schmuck mußte sein Besitz werden, mit dem Erlös dieses Schmuckes konnte er im großen Stil spekulieren. Um diesen Schmuck zu bekommen, mußte aber Frau Leid aus der Welt geschafft werden. Das Ammenmärchen, das der Angeklagte ersonnen hat, um seinen Kopf aus der Schlinge zu ziehen, ist albern und läppisch. Er will uns glauben machen, daß er sich mit Willen der Frau Leid ihres Schmuckes bemächtigt und mit ihm entfernt habe und dann ein Gespenst gekommen sei, das –

Der Staatsanwalt wurde in seiner Rede durch eine seltsame Unruhe unterbrochen. Die Köpfe der Zuhörer wandten sich der Eingangstüre zu, von der Lärm, die flehende Stimme einer Frau, das Poltern eines Mannes laut wurden.

»Was ist los?« schrie der Präsident. Einen Augenblick trat Stille ein, dann hörte man laut und vernehmlich im ganzen Saal die von einer Frau ausgestoßenen Worte:

»Um Jesu willen, ich muß hinein!«

Dumpfe Unruhe breitete sich aus. Ein Schauer lief über die Rücken der Anwesenden, eine Dame schrie auf. Dunkle Ahnungen von Unfaßbarem lasteten auf den Menschen.

Nochmals rief der Präsident: »Was geht da draußen vor?«

Und schon drängte sich ein Weib, von einem Gerichtsdiener am Arm gehalten, herein und schrie gellend:

»Herr Präsident, um Gottes Barmherzigkeit willen, lassen Sie mich herein, ich habe eine Aussage zu machen.«

Der Präsident verständigte sich rasch mit den beiden Votanten, ein Wink, und der Gerichtsdiener ließ die Ruhestörerin los, so daß sie schwankend bis vor die Schranken gehen konnte.

Das Publikum war aufgesprungen, jeder wollte sie sehen, dieses junge Weib mit dem schneeweißen Gesicht, aus dem sich grellrot gefärbte Lippen wie zwei Blutstriche erhoben. Rufe wurden laut, ein Tumult entstand, die Saaldiener liefen aufgeregt hin und her, der Präsident brüllte mit gewaltiger Stimme: »Ruhe, oder ich lasse den Saal räumen!«

Stirner aber stand mit weit aufgerissenen Augen und vorgebeugtem Körper da und stierte das junge Weib an, das, bevor es sprechen konnte, von einem furchtbaren Husten geschüttelt wurde. Blutstropfen rannen ihr über das Kinn, sickerten auf den Fußboden.

Endlich trat Ruhe, Totenstille ein, in der man das Atmen der Menschen hörte.

»Wer sind Sie und was wollen Sie?« fragte der Präsident.

»Ich heiße Marie Lechner und habe mit meinen Händen Frau Lia Leid erwürgt!«

Ein einziger gellender Aufschrei aus hundert Kehlen. Auch die Geschworenen sprangen auf, drängten vor, die Journalisten stürmten gegen die Schranken zu, es entstand ein Tumult, wie ihn der Schwurgerichtssaal wohl noch nie erlebt hatte. Mühsam konnte sich der Präsident Gehör verschaffen, und die Wogen der Erregung verebbten erst, als er mit schmetternder Stimme erklärte, bei dem leisesten Ton den Saal räumen zu lassen. Halblaut sagte er den Beisitzenden und zu dem Staatsanwalt hin: »Zweifellos eine Geistesgestörte«, und dann milde zu Marie Lechner:

»Sie haben also Frau Lia Leid ermordet? Schön, erzählen Sie, wie das vor sich gegangen ist.«

Und Marie Lechner erzählte. Wie geistesabwesend sprach sie vor sich hin, die Augen gegen die Decke gewandt, nicht links und rechts blickend, mit monotoner Stimme, als ginge sie das alles nichts an, erzählte sie, entrollte ein Schicksalsdrama, ein Drama von Schuld und Sühne, von Jammer und Schmerz. So fließend und zusammenhängend sprach sie, daß weder der Vorsitzende noch der Staatsanwalt oder Verteidiger sie durch eine Frage unterbrechen mußten.

»Ich bin heute noch nicht zweiundzwanzig, war sechzehn knapp, als der Krieg aus war und der Vater als Krüppel heimkam, und mit ihm das Elend und die Not. Damals besuchte ich eine Handelsschule, und meine Nachbarin war die Lia Holzer, ein schönes kokettes Judenmädel, das ich gleich nicht leiden konnte. Sie war so arm wie die meisten von uns Mädchen, aber immer viel besser gekleidet, sie trug Seidenstrümpfe und hübsche Schuhe, und wenn man sie fragte, woher sie das habe, lachte sie schnippisch und sagte, die Männer seien ja so lieb und schenken ihr, was sie haben wolle, auch ohne einzigen Kuß als Gegenleistung. Sie war faul und lernte nichts, aber alle Lehrer waren in sie verliebt, so daß sie bessere Noten bekam als ich, die ich stundenlang zu Hause arbeitete und schrieb. Auch ich war ein sehr hübsches Mädchen, und auf dem Nachhauseweg liefen mir Männer nach. Nur wenn ich mit der Lia ging, verstand sie es, alle Blicke auf sich zu lenken. Sie kokettierte auf der Straße schamlos, so daß ich ihr einmal sagte, ich würde mit ihr nicht mehr gehen. Worauf sie grob wurde, mich stehen ließ und mir zurief:

›Ich bin froh, wenn ich mit dir nicht gehen muß, dir sieht man ja ohnedies auf zehn Schritte die Proletarierabstammung an.‹

Von da an waren wir bös und sprachen nicht mehr miteinander.

Lia machte noch einen Sprachkurs mit, ich mußte austreten, weil meine Mutter, die jetzt außer Haus waschen ging, das Schulgeld nicht mehr aufbringen konnte, und trat einen Posten als Kontoristin bei einer kleinen Kaifirma an. Im Jahre 1920 ging es erbärmlich schlecht, zu Hause herrschte Elend, Vater verdiente nichts und vertrank seine Rente, verkaufte unsere Betten, sogar Mutters Nähmaschine, und mein Gehalt war so klein, daß es nicht einmal auf Schuhe reichte.«

Marie Lechner begann wieder zu husten, das Taschentuch, das sie vor den Mund hielt, färbte sich blutrot. Auf einen Wink des Präsidenten trug ein Diener einen Stuhl herbei, so daß Marie sitzend weitersprechen konnte.

»Ich hab mich mit keinem Mann eingelassen, weil ich in der Melchiorgasse, in der ich groß geworden bin, oft genug gesehen hab, wie das endet. Eines Abends im Frühling, es war der 13. April, ich weiß es, als wäre es heute, ging ich spät abends im strömenden Regen nach Hause, müde, hungrig und todunglücklich. Ein Windstoß drehte mir den Schirm um, ich stand ganz verzweifelt da und begann zu weinen.

In diesem Augenblick trat ein großer eleganter Herr auf mich zu, lachte über meine Verzweiflung, bot mir seinen Schirm an und forderte, nachdem wir eine kurze Strecke miteinander gegangen waren, mich auf, mit ihm ein Restaurant in der Bellaria aufzusuchen, um dort das Ende des immer stärker werdenden Regengusses abzuwarten. Meine Herren, ich war siebzehn Jahre alt, wußte kaum mehr, was Fleisch ist, und der Herr war so lieb und freundlich zu mir! Ich ging mit ihm, und er bestellte, ohne mich lange zu fragen, ein paniertes Schnitzel für mich, und es war so schön warm in dem feinen Restaurant, und ich wurde froh und lustig, ging aus mir heraus, erzählte von meiner Armut und all dem Elend um mich her.

Der Herr streichelte meine Hände und sagte, es werde jetzt alles Elend ein Ende für mich haben, und dann stellte er sich mir als Egon Stirner vor.«

Totenstille im Saal, man hörte den rasselnden Atem des jungen Weibes, Stirner saß zusammengesunken auf seiner Bank, der Präsident, der Staatsanwalt, der Verteidiger und die Geschworenen lauschten mit vorgeneigten Köpfen.

»Bald habe ich ihn geliebt, wie man nur mit siebzehn Jahren lieben kann, und als er mich zu sich in das möblierte Zimmer führte, das er damals bewohnte, und mich an sich zog, da jubelte und schluchzte ich vor Glück und gab mich ohne Bedenken hin.«

Leise, ganz leise, daß nur die direkt vor ihr Sitzenden es hören konnten, sagte Marie Lechner:

»Wenn er mich nur den tausendsten Teil so lieb gehabt hätte wie ich ihn, dann wäre ich heute eine brave gute Frau, und er säße nicht auf der Anklagebank, und ich nicht hier, um meine Sünden zu beichten, bevor ich in der Erde wie ein toller Hund verscharrt werde.«

Marie fuhr sich mit der bleichen abgezehrten Hand über die Stirne und sprach laut weiter:

»Eine Zeitlang lebte ich wie im Paradies. Egon kaufte mir Kleider und Schuhe, jeden Abend gingen wir zusammen ins Kino, nachher fein essen, und in der Nacht lag ich in seinen Armen und fragte ihn hundertmal: ›Gelt Egon, du hast mich wirklich lieb, und ich bin nicht nur ein Spielzeug für dich?‹

Sein ›Ja, ich habe dich lieb‹ wurde aber immer müder und lauer, bis er mir eines Tages sagte, daß es so nicht weitergehe. Er habe selbst schwere Geldsorgen, die Vermittlungsgeschäfte, die ihm eine Zeitlang viel getragen haben, gehen nicht mehr, und er sei nicht mehr in der Lage, für mich so wie bisher zu sorgen. Das Verhältnis habe ohnedies schon lange gedauert. Ich sei schön und jung und würde sicher bald einen anderen Freund haben.

Ich wohnte damals nicht mehr bei meiner Mutter, die Stellung hatte ich längst aufgegeben, ich war ganz auf Egon angewiesen, und eher hätte ich mich umgebracht, als daß ich zurück in die Melchiorgasse gezogen wäre. Und doch war die Melchiorgasse mein Schicksal.

Eine Bekannte führte mich zu einer Schneiderin, die in der Melchiorgasse wohnt, zur Frau Greifer, die sich meiner annahm. Das heißt, sie saugte mir das Blut und die Ehre aus dem Leib, machte mir kostbare Kleider und Hüte, bis ich nicht mehr mein Eigentum war, sondern ihres, verkuppelte mich an reiche Männer, machte eine feine elegante Dirne aus mir. Das geht sehr schnell, meine Herren, schneller beinahe, als man es ausdenken kann. Zuerst graust einem, man sträubt sich, dann sagt man sich ›nur dieses eine Mal und nie wieder‹, und dann gewöhnt man sich an den Champagner und die Zoten, an das

Tanzen und Autofahren, an die Seidenfetzen und den Schmuck, und schließlich weiß man es gar nicht mehr, wessen Geliebte man eigentlich ist, muß nachdenken, ob man gestern mit diesem oder jenem in der Nacht beisammen war.

Meine Beziehungen zu Egon Stirner dauerten dabei fort. Wenn er für mich Zeit hatte, hätte mich nichts dazu bringen können, von seiner Seite zu weichen, und die Sonntage verbrachten wir immer miteinander. Ich haßte und liebte ihn, ich sah in ihm meinen Verderber und meinen Herrn, und er schien mich auch wieder recht gern zu haben, sprach oft davon, daß er, sowie er zu Reichtum gelangt sein werde, mich von der Frau Greifer frei machen wolle. Er hatte mir immer die schwersten Vorwürfe über meinen Verkehr bei der Greifer gemacht. Schließlich lockerten sich unsere Beziehungen immer mehr.

Auf ja und nein gehörte ich zu den bekanntesten Lebedamen Wiens. Ich verkehrte nur in den nobelsten Nachtlokalen, wenn ich ins Tabarin oder Trocadero kam, jubelten mir die Herren zu, einer hat sogar ein Lied auf mich gemacht, das überall gesungen wurde. Der Refrain lautete: ›Das ist die Mary, die schöne Mary von der Bar‹.

Das ging so ein paar Jahre. Ich lebte in Saus und Braus, fuhr im Frühling des Vorjahres mit einem reichen Rumänen nach Italien und dann nach der Schweiz, hätte mit ihm nach Paris gehen sollen, aber meine Sehnsucht nach Egon war so groß, daß ich den Rumänen eines Tages verließ und nach Wien zurückkehrte. Mein erster Weg galt Egon, der längst Bankbeamter geworden war. Er begrüßte mich recht kühl, erzählte, daß es ihm endlich gelungen sei, in der großen Wiener Gesellschaft zu verkehren, und deutete Beziehungen zu einer reichen schönen Frau aus vornehmen Kreisen an.

Eine wie ich hatte natürlich nicht das Recht, eifersüchtig zu sein, und ich mußte den Schmerz verbeißen und tun, als wäre es selbstverständlich, daß er, der mich zum Weibe gemacht hatte, mir von seinen Liebschaften erzählte.

Geld hatte ich keines, und so ging ich wieder zur Frau Greifer in die Melchiorgasse. Am Hause, in dem meine arme Mutter lebte, schlich ich mich vorbei. Ich hing im Herzen an ihr, aber dabei hielten mich Grauen und Angst davon ab, ihre Schwelle zu betreten. Eine innere Stimme sagte mir, daß, wenn ich erst wieder dort bin, ich nicht mehr loskommen würde.

Ein paar Tage später ging ich nachmittags in den Grillroom vom Bristol in Gesellschaft eines Herrn, der dort mit mir tanzen wollte. Aber ich machte rasch wieder kehrt, denn eben tanzte Egon Stirner mit einer eleganten, schönen, jungen Frau, und ich fing gerade einen Blick auf, den die beiden miteinander wechselten, und in diesem Blick lag so viel, daß in mir wilde, rasende Eifersucht aufschoß. Die junge Frau war aber meine frühere Schulkollegin Lia Holzer.

Mein Herr, der sich nicht wenig darüber ärgerte, daß ich fortging, bestätigte es mir:

›Jawohl, Holzer hat sie mit dem Mädchennamen geheißen. Seit drei Jahren ist sie die Frau des berühmten und steinreichen Doktor Leid. Na, dem armen Kerl setzt sie mehr Hörner auf als zulässig ist. Jetzt ist der Egon Stirner hinter ihr her. Teufelsweib das, verbraucht mehr Männer als ein Raucher Streichhölzer.‹

In dieser Nacht trank ich mir einen Champagnerrausch an und tanzte so lange und wild, bis ich einen Blutsturz bekam. Der Arzt erklärte, daß ich es auf der Lunge habe und ein solides Leben führen müsse, wenn ich nicht zusammenklappen wolle.

Von da an trank ich nur noch mehr, und eine Kollegin machte mich mit der Morphiumspritze bekannt.«

Ein neuer Hustenanfall schwächte Marie so sehr, daß sie ganz in sich zusammensank. Ein Schluck Wasser verlieh ihr die Kraft weiterzusprechen.

»Ich kam wieder mit Egon zusammen, und auf meine scheinbar ganz gleichgültige Frage gab er unumwunden zu, mit Lia Leid ein Verhältnis beginnen zu wollen. Zu dumm, sagte er, zu mir kann ich sie nicht nehmen, in ein Hotel geht sie mir nicht, und ein ordentliches Absteigequartier zu finden ist jetzt sehr schwer. Eine Adresse habe ich durch ein Tagblatt bekommen, und morgen schau ich mir das Zimmer an. Komischer Zufall, daß es gerade in der Melchiorgasse ist. Nummer 55, bei einer Frau Merkel.

Was damals in mir vorgegangen ist, kann ich heute nicht mehr erklären. Ich weiß nur, daß mich ein ohnmächtiger, rasender Haß gegen das Weib befiel. In der Schule war sie mir vorgezogen worden, beleidigt und gekränkt hatte sie mich, und während ich verführt, verlassen, in den Sumpf gestoßen worden war, wurde sie die Frau eines reichen angesehenen Mannes. Was sie nicht hinderte, diesen Mann zu betrügen, anderen Frauen die Männer zu stehlen. Ich wachte in der folgenden Nacht in Gedanken an Lia auf, Blut trat vor meine Augen, hätte ich sie vor mir gehabt, so würde ich ihr erbarmungslos ein Messer in die Brust gestoßen haben.

Am nächsten Tag traten zwei Zufälligkeiten ein, die mein Schicksal wurden. Vormittags traf ich auf dem Graben Frau Lia Leid, wie eine Fürstin angezogen, im Arm eines jener winzigen Hündchen, wie sie die vornehmen Frauen jetzt besitzen, um den Mann, den sie gerade erobern wollen, dadurch aufzuregen, daß sie in seiner Gegenwart den kleinen Köter streicheln und küssen. Wir gingen dicht aneinander vorbei, Lia aber schaute ostentativ zur Seite, raffte ihr Kleid an sich, um nicht von mir berührt zu werden.

Gallbitter trat es mir in den Mund, das Blut schoß mir in das Gesicht, und ich spuckte so vehement aus, daß mich die Leute verwundert anstarrten.

Sie, tausendmal ärger als die letzte verworfenste Straßendirne, die ihren armen gepeinigten Leib jedem Trunkenbold geben muß, um nicht Hungers zu sterben, sie scheute meine Berührung, wich dem Gruß der ›Kokotte‹ aus!

Am Nachmittag ereignete sich ein zweiter Zufall. Ich begegnete am Opernring Egon, ohne daß er mich sah.

Instinktiv, ohne eigentlich zu wissen, warum, ging ich ihm nach. Er schlenderte den Ring entlang, ging hinüber zum Deutschen Volkstheater und bog dann in die Melchiorgasse ein. Nun wußte ich, daß er sich das Absteigequartier anschauen wollte. Ich versteckte mich in einem Haustor und wartete, bis er wieder aus dem Haus Nummer 55 herauskam.

Unklare Gedanken flogen durch meinen vom Morphium benebelten Schädel. Nur eines wußte ich genau: Ich mußte den beiden morgen das Stelldichein gründlich verderben!

Ich ging in das Haus Nummer 55, zog den Schleier dicht vor das Gesicht und läutete bei Frau Merkel. Auf ihre Frage, was ich wünsche, sagte ich, ich hätte gehört, daß sie ein Absteigequartier zu vermieten habe. ›Ja‹, sagte sie, ›aber da kommt die Dame um ein paar Minuten zu spät. Eben hat es ein Herr gemietet und gleich für den ganzen Monat vorausbezahlt.‹

Ich drückte mein Bedauern aus und sagte, ich würde es gerade morgen nachmittags dringend brauchen und sehr gut dafür zahlen.

›Ausgeschlossen‹, sagte sie, ›morgen abend kommt der Herr mit seiner Dame.‹

›Schade, schade‹, meinte ich, ›aber vielleicht, daß es der Herr nicht länger als einen Monat behält. Kann ich mir das Zimmer anschauen?‹

Die Frau führte mich hinein. Ich zitterte am ganzen Körper vor Aufregung und sah fast nichts als einen mächtigen breiten Diwan mit einem Überwurf, das richtige Lotterbett für feine Frauen, die sich nicht gern in fremde Betten legen, sondern einen Diwan vorziehen.

Den Rest des Tages und die ganze Nacht verbrachte ich bei der Frau Greifer. Es wurden dort lebende Bilder gestellt und abscheuliche perverse Szenen vorgeführt, Männer und Frauen und Frauen untereinander und ebenso Männer, und während ich mich sonst von solchen Sachen immer ferngehalten hatte, war ich diesmal die Tollste und Schamloseste, und jeder Mann hat mit mir machen können, was er wollte.

Am anderen Tage schlief ich in meiner Wohnung in der Gumpendorferstraße bis in den Nachmittag hinein, dann gab ich mir eine tüchtige Injektion und ging wieder in die Melchiorgasse ins Haus Nummer 55. Ich schlich die Treppen bis zum Boden hinauf und wieder hinunter und wußte nicht recht, was ich eigentlich wollte. Plötzlich, gerade wie ich auf dem Treppenabsatz über der Wohnung der Frau Merkel stand, ging die Tür der gegenüberliegenden Wohnung auf, eine alte Frau trat heraus und läutete bei der Merkel an. Die beiden Weiber standen unter mir auf dem Korridor, und ich hörte, wie die Alte der Frau Merkel von einem Brief erzählte, den sie eben von ihrem Sohn in Amerika bekommen habe. Sie zeigte ihr den Brief, und die Frauen gingen, da es dunkel war, zu dem Korridorfenster.

Während sie dort mühsam buchstabierten, schlich ich mich hinunter, huschte hinter dem Rücken der beiden durch die offene Tür in die Wohnung, und schon war ich in dem Absteigequartier. Ich sah mich in fliegender Hast um. Wo konnte ich mich verstecken? Groß, breit, mächtig und einladend stand der Diwan vor mir. Eins, zwei kniete ich vor ihm, hob den Überwurf und kroch unter den Diwan. Ich bin schlank, konnte ganz gut liegen, mich sogar nach Belieben umdrehen und bewegen. Und niemand würde mich sehen.

Ein, zwei Stunden vergingen, während ich dumpf, halb betäubt da unten lag. Die Knochen im Leib begannen mir weh zu tun, und ich glaubte, es nicht länger aushalten zu können, besonders, weil ich immer den Husten unterdrücken mußte. Da trat Egon herein. Mein erster Gedanke war, hervorzukriechen, ihm alles das vorzuhalten, was er mir angetan, ihn einen Schurken zu nennen. Aber rasch überlegte ich es mir. Er war ja stärker als ich, würde mich schlagen und hinauswerfen, vielleicht gar mich der Polizei übergeben. Und dann mit Lia allein sein! Nein, ich wollte warten, bis die auch da war, wollte irgend etwas tun, um ihr die Lust zu nehmen, jemals wieder anderen Frauen die Männer zu verführen.

Lia kam. Ich hörte die beiden miteinander flüstern, hörte ihre Küsse, hörte die süßen falschen Worte ›Mauserl‹ und ›Kleinchen‹ und ›Hast du mich auch wirklich lieb?‹, alle diese Worte, die mir so bekannt waren, mich an die Zeit erinnerten, da ich ein unschuldiges Mädel gewesen war, und ich mußte die Faust in den Mund pressen, um nicht aufzuheulen.

Raschelnde Kleider, Kichern, ein wollüstiger Aufschrei, zwei Leiber fielen auf den Diwan, unter dem ich regungslos, mit wundgebissenen Lippen lag.

Ich stopfte die Finger in die Ohren, um nichts mehr zu hören. Wut und Schmerz raubten mir die Besinnung.

Wie lange das gedauert hat, weiß ich nicht. Wie im Traum hörte ich wieder das Rascheln von Kleidern, gleichgültige Worte, die sich auf irgendein Fest bezogen, das, wie es mir schien, beide noch besuchen wollten; aus dem Gespräch entnahm ich, daß er rasch gehen, sie noch bleiben wollte. Ein langer Kuß, feste Männertritte, Auf- und Zugehen der Türe – ich wußte, daß Lia allein war und noch auf dem Diwan lag.

Was dann geschah, kann ich heute nicht mehr genau sagen. Ich weiß nur, daß ich langsam hervorkroch, neben dem Diwan kniete, vor mir den nackten Leib des Weibes sah, das mich mit weit aufgerissenen Augen, in denen namenloses Entsetzen lag, anstarrte. Und daß, ohne daß ich gesprochen oder sie geschrien hätte, sich meine Finger um den weichen weißen Hals legten und mit einer Kraft, die ich sonst gar nicht besaß, zusammenpreßten. Sie röchelte, schlug mit den Armen um sich, ich ließ los, der Körper vor mir zuckte auf und nieder und regte sich dann nicht mehr.

Ich floh, wie von Furien verfolgt. Schlich auf den Fußspitzen in das finstere Vorzimmer, zog vorher instinktiv den Schlüssel ab, um von außen zuzusperren, lautlos gelangte ich durch das Vorzimmer zur Wohnungstür, meine Hand stieß gegen eine Kette, die ich tastend abnahm; schon war ich auf dem Korridor, raste die Treppen hinab, wurde von dem Dunkel der Melchiorgasse verschlungen, warf den Schlüssel fort und kam erst wieder zur Besinnung, als ich in meinem Zimmer in der Gumpendorferstraße war.

Von da an ging es rapid bergab. Ich betrank mich jede Nacht, machte Skandale, so daß man mich in die feinen Lokale nicht mehr hineinließ, der Husten wurde immer ärger, die besseren Herren wollten nichts mehr von mir wissen, seitdem sie wußten, daß ich Blut spuckte, ich verbrachte die Nächte in den niedrigsten Nachtkaffeehäusern, und da ich nicht, wie früher, vorsichtig und wählerisch war, geschah das, was geschehen mußte. Ich wurde krank. Bei einer Streifung in einem Stundenhotel wurde ich aufgegriffen, ins Frauenspital gebracht, und von dort ging ich zurück in die verfluchte Melchiorgasse, die einen immer wieder verschlingt und nicht mehr losläßt.«

Die letzten Worte waren nur mehr ein Gemurmel gewesen. Und nun brach sich die Erregung der Menschen, die eine Stunde atemlos dieser furchtbaren Beichte gelauscht hatten, Bahn. Worte wie »Unerhört«,

»Grauenhaft«, »Entsetzlich« wurden laut, eine Dame im Auditorium und nach ihr eine zweite und eine dritte wurden ohnmächtig und mußten hinausgetragen werden; eine der beiden weiblichen Geschworenen weinte bitterlich, und selbst der Präsident war so erregt, daß Minuten vergingen, bevor er Ordnung und Ruhe wiederherstellen konnte. Er trank das Glas Wasser, das vor ihm stand, auf einen Zug aus und wandte sich Marie Lechner zu:

»Das alles, was Sie uns hier erzählt haben, ist kaum faßbar, klingt wie Fieberphantasie. Sagen Sie uns, warum Sie erst heute, am Tage der Gerichtsverhandlung, Ihr Geständnis ablegen? Sie mußten doch wissen, daß Egon Stirner unter dem furchtbaren Verdacht verhaftet worden war, Frau Lia Leid ermordet zu haben!«

Marie schüttelte den Kopf.

»Nichts wußte ich! Zuerst habe ich in den Zeitungen gelesen, daß man vom Täter keine Spur habe. Später las ich überhaupt keine Zeitung mehr, lebte in ewigem Rausch, kümmerte mich um nichts mehr, vergaß fast, daß ich einen Mord begangen hatte. Erst als ich wieder in der Melchiorgasse bei den Eltern war, begannen mich Träume zu quälen, würgten mich Gewissensbisse und Angst. Und gestern, wie ich so deutlich nach einem Blutsturz gefühlt habe, daß es mit mir zu Ende geht und ich höchstens noch ein paar Tage zu leben habe, hat es mich gedrückt und gezwickt, und ich hab heraus damit müssen um jeden Preis, auf die Gefahr, daß man mich vom Bett ins Gefängnis schleppt. Da hab ich Mutter gebeten, mir einen Geistlichen zu holen, damit ich beichten kann. Ein junger Priester ist gekommen, und ich hab ihm alles erzählt, und er hat furchtbar geweint und mich gefragt, ob ich denn so schlecht sei, daß ich nun einen anderen für mein Verbrechen büßen lassen wolle. Dadurch erst habe ich erfahren, daß Egon heute als Mörder verurteilt werden soll. Daß er den Schmuck genommen hat, hab ich ja gar nicht gewußt. Ich hab dem Priester geschworen, mich den weltlichen Richtern zu stellen, und dann hab ich die Absolution bekommen, denn er hat gesagt, daß meine Leiden reichlich die Schale meiner Sünden aufwiegen tun. Und jetzt, meine Herren, freu ich mich nur mehr auf das Sterben und bin keinem Menschen mehr böse, auch dir, Egon, verzeih ich alles – hab dich ja heut noch lieb.«

Egon Stirner schlug die Hände vor das Gesicht und schluchzte laut auf, und mit ihm weinten die Richter und der Staatsanwalt; es ging ein Weinen durch den ganzen Saal.

Der Präsident rief Frau Merkel, die im Saal geblieben war, wieder vor.

»Sie haben ja gehört, was Marie Lechner hier erzählt hat. Erkennen

Sie in ihr die Dame, die am Tage vor dem Mord bei Ihnen war und das Zimmer besichtigt hat?«

»Jawohl, Herr Kaiserlicher Rat! An alles erinnere ich mich jetzt ganz genau. Es war so, wie es die Arme da erzählt hat. Ich erinnere mich auch an den Brief aus Amerika, den, was die Frau Hummerl, die meine Nachbarin ist, mir gezeigt hat. Richtig hab ich damals die Tür hinter mir offengelassen!«

Der Staatsanwalt erhob sich und ergriff das Wort.

»Nach den ungeheuerlichen Enthüllungen, die uns bekannt geworden sind, trete ich von der Anklage gegen Egon Stirner, die auf Raubmord lautet, zurück und verweise den Akt neuerdings vor den Untersuchungsrichter. Hingegen erhebe ich die Anklage gegen Marie Lechner, die des Mordes oder, wie es nach ihrer Aussage scheint, des Totschlages verdächtig ist, und beantrage ihre Überführung in das Inquisitenspital.«

Der Gerichtshof gab den Anträgen des Staatsanwaltes Folge und wies einen Antrag des Verteidigers auf Haftentlassung Egon Stirners ab.

Womit die sensationellste und aufregendste Gerichtsverhandlung, die Wien jemals erlebt hatte, zu Ende war.

Marie Lechner wurde in das Gefangenenhausspital transportiert, überlebte aber den Tag nicht. Spätabends, nachdem man vergebens ihre Mutter, die irgendwo bei fremden Leuten wusch, gesucht hatte, starb sie einsam und allein.

Egon Stirner mußte in das Untersuchungsgefängnis zurück und sah mit neuem Mute seiner Verhandlung entgegen, die sich nicht mehr vor den Geschworenen, sondern vor dem Schöffengericht abspielen würde.

Lösungen

Otto Demel verließ am nächsten Tag Wien, um in Paris und London für sein Blatt politische und soziale Studien zu betreiben. Von Grete nahm er nur schriftlich Abschied, legte dem Brief einen größeren Betrag bei und teilte ihr mit, daß sie am kommenden Monatsersten bei einer Speditionsfirma in der Kantgasse als Stenotypistin eintreten könne.

Grete weinte bitterlich, nachdem sie den Brief gelesen hatte. Sie fühlte sich unsagbar gedemütigt, mußte von dem Mann, der sie verachtete, Geld nehmen, dankte ihm ihre Rettung aus Sumpf und Schmutz, bekam durch ihn auch noch Verdienst und Arbeit, und doch wäre sie am liebsten vor ihn hingetreten, um ihm mit zornigen Worten zu sagen, wie hart und ungerecht er gegen sie sei.

Sie wußte ja nicht, daß auch ihm recht erbärmlich zumute war und seine Gedanken immer wieder zu ihr zurückeilten, zu ihr, die ihm vor so kurzer Zeit noch mehr gewesen war, als er selbst gewußt hatte.

Dr. Karl Leid war nach dem unerwarteten Ende des Prozesses mit Frau Liane Christens fortgegangen. Schweigend, tief erschüttert, jeder in seine Gedanken versunken, gingen sie in der milden Frühlingsluft die Währingerstraße aufwärts gegen den Türkenschanzpark zu, in dessen Nähe die Villa Christens lag.

Die Scheidung war längst auch in zweiter Instanz vollzogen, und vor wenigen Tagen hatte der Künstler zusammen mit seiner jungen Geliebten Wien verlassen, um für immer nach Rom zu übersiedeln. Die Villa mit ihrer kostbaren Einrichtung war seiner Frau verblieben.

Die Dämmerung war hereingebrochen, als die beiden das Haus erreicht hatten. Frau Liane zögerte einen Augenblick, dann bat sie Doktor Leid mit hineinzukommen und den Tee bei ihr zu nehmen.

»Wir sind ja beide einsame Spatzen, und mir graut heute vor dem Alleinsein.«

Karl Leid nahm die Einladung gerne an, folgte voll Behagen den weichen fraulichen Bewegungen Lianes, die im Speisezimmer den Tee selbst bereitete, Brötchen zurechtschnitt, den kleinen Tisch mit den Likörflaschen herbeizog und ihn bediente.

»Wie stellen Sie sich nun Ihre Zukunft vor, Frau Liane?«

Sie lächelte müde. »Zukunft? Habe ich denn eine? Besteht mein Leben nicht nur mehr aus Vergangenheiten? Ich weiß, was Sie sagen wollen: Ich bin noch jung, habe noch Jahre des Genießens vor mir! Zahlenmäßig stimmt das wohl. Aber in Wirklichkeit? Ich bin unabhängig, wohlhabend, habe keine Kinder, keine Eltern, keine Verwandten, für die ich zu sorgen hätte. Nicht einmal Freunde habe ich, wenn ich Sie, der Sie so viel beschäftigt sind, ausnehme. Die Künstler und Schriftsteller, die bei uns verkehrten, waren seine Freunde, und an Frauen konnte ich mich nur selten anschließen. Ich werde wohl oft ins Ausland reisen, aber auch das ist für eine alleinstehende Frau ein zweifelhafter Genuß. Sie sind ja auch einsam, aber Sie sind ein Mann, haben Ihren Beruf, kommen ohnedies kaum zur Besinnung Ihrer selbst, die Arbeit ersetzt Ihnen die Frau und die Freunde.«

Dr. Leid schüttelte den Kopf.

»Mir graut jetzt vor meiner Arbeit! Mein ganzes Leben war nichts als Arbeit. Und was habe ich von ihr gehabt? Das Leben habe ich ihrethalben versäumt, statt glanzvoller Erinnerungen, Abenteuer und jauchzender Freude besitze ich nichts als den Rückblick auf gewonnene und verlorene Prozesse. Werden Sie es mir glauben, daß ich noch nie in Paris, London, Italien gewesen bin, noch nie die Grenzen der früheren Monarchie verließ? Ich habe einen tüchtigen hochbegabten Konzipienten, der jetzt heiratet. Am liebsten würde ich ihm meine Kanzlei übergeben, mich ins Privatleben zurückziehen und versuchen, das nachzuholen, was ich versäumt habe.«

Es war dunkel und ganz still geworden. Durch das geöffnete Fenster drang der betäubende süße Geruch von Jasmin herein, die beiden einsamen Menschen hörten das Rauschen ihres eigenen Blutes.

Frau Liane stand auf und ließ das Zimmer von dem milden bläulichen Licht des verhängten Lüsters erhellen. Auch Doktor Leid hatte sich erhoben, die beiden standen einander dicht gegenüber, ihre Augen versenkten sich ineinander, ein schalkhaftes Lächeln ließ ihr Gesicht mädchenhaft jung erscheinen, während er in knabenhafter Verlegenheit ihr die Hände entgegenstreckte.

Und als er leise, flüsternd fragte: »Liane, wollen wir den Weg, der noch vor uns liegt, gemeinsam wandern?« Da neigte sie den Kopf und schlang ihre Arme um seinen Hals.

Ende Mai fand die neuerliche Verhandlung gegen Egon Stirner statt, der diesmal nur wegen des Verbrechens des Diebstahls angeklagt war. Die Öffentlichkeit brachte auch diesem Prozeß reges Interesse entgegen, und der kleine Saal war von Neugierigen dicht gefüllt.

Sonderliche Sensationen gab es nicht.

Stirner wiederholte seine früheren Aussagen, die Aussagen der beiden italienischen Händler und Hehler wurden diesmal verlesen, Josef Horak, der außertourlich zum Kriminalkommissär avanciert war, erschien als einziger Zeuge. Stirner aber und sein Verteidiger legten das Schwergewicht der Verteidigung darauf, daß er den Schmuck der Lia Leid mit ihrem Einverständnis genommen, aber die feste Absicht gehabt habe, ihn nur zu verpfänden und mit seinem ersten Börsengewinn auszulösen und zurückzugeben. Tatsächlich erschien dies auch sehr glaubhaft, um so mehr, als ja Stirner unmittelbar nach der Veräußerung des Schmuckes große Gewinne erzielt hatte.

Der Staatsanwalt ging denn auch sehr glimpflich mit dem Angeklagten um und legte dem Gerichtshof in seinem Schlußwort sogar nahe, unter das gesetzliche Strafausmaß von einem bis zu fünf Jahren Kerker herunterzugehen. Um so leichteres Spiel hatte der Verteidiger, der auf die furchtbaren Qualen hinwies, die Stirner hatte erdulden müssen, als er durch Monate des Mordes verdächtigt worden war.

Der Gerichtshof nahm einen Diebstahl als erwiesen an, da Stirner den Schmuck verkauft hatte, ließ aber außerordentliche Milderungsumstände gelten und verurteilte ihn nur zu sechs Monaten Gefängnis, von denen vier Monate als durch die Untersuchungshaft verbüßt in Abrechnung kamen. Für die restlichen zwei Monate wurde ihm eine einjährige Bewährungsfrist zugebilligt, so daß er als freier Mann das Gebäude des Landesgerichtes verlassen konnte.

Nach Erledigung aller Formalitäten war es spät abends geworden, und Stirner stand, den kleinen Koffer in der Hand, in der Brieftasche nicht viel mehr Geld, als für einige Tage reichen würde, unschlüssig auf der Alserstraße. Die warme Frühlingsluft berauschte ihn fast, er taumelte einige Schritte vorwärts, empfand jetzt erst voll und ganz die Höhe des Sturzes, den er getan.

Was nun? Seine Junggesellenwohnung war längst weiter vermietet, und überhaupt konnte seines Bleibens in Wien nicht sein. Er mußte wieder hinaus in die Welt, nochmals den Kampf beginnen.

Die Gestalt Stirners straffte sich. Jawohl, er wollte kämpfen! Aber mit ehrlichen Waffen, mit den geistigen und körperlichen Kräften, die ihm die Natur gegeben. Noch war er jung, gesund, stark, das Leben lag vor ihm, er mußte nur wollen, zäh sein und – vergessen!

Während sich diese Worte in seinem Hirn zu Gedanken prägten, kam ihm jäh und schmerzhaft die Erinnerung an Regina Rosenow und an Marie Lechner. Zwei Opfer seiner Gewissenlosigkeit, seiner wilden, ungehemmten Gier nach Geld, Karriere, Luxus! Die eine war tot, war an ihm zugrunde gegangen, wie tausend andere arme kleine Mädchen an dem Mann zugrunde gehen, der sie im ewigen Kampf der Geschlechter erobern will, nicht um sie zu behalten, sondern nur um sie zu besitzen.

Marie hatte, fast sterbend schon, ihm verziehen. Aber die andere, Regina, dieses stolze, verwöhnte junge Weib! War nicht auch sie von ihm zu Tode getroffen worden, war er nicht auch an ihr zum Mörder ihrer Seele geworden?

Sehnsucht nach Regina, das Bewußtsein, sie verloren zu haben, Scham und Reue schnürten dem Mann, dessen Wangen von der Haft bleich und eingefallen waren, die Kehle zu.

Dicht vor ihm stand ein großes geschlossenes Privatauto, das er bisher nicht beachtet hatte. Plötzlich ging der Wagenschlag auf, und eine weiche Stimme, die nach verhaltenem Schluchzen klang, rief ihn bei seinem Namen. Überrascht blickte er auf. Und wußte nicht, ob er wachte oder träumte, als Regina ihm die Hand entgegenstreckte und zurief:

»Komm schnell herein zu mir, nur fort von hier!«

Geräuschlos sauste der Wagen dahin, ein weicher heißer Mund preßte sich auf seine Lippen, zärtliche Hände streichelten seine Haare, und wie im Traume hörte er Regina sprechen:

»Du Armer, du! Was hast du durchmachen müssen! Was haben wir beide gelitten! Aber nun ist alles gut, nun bleiben wir beisammen, nichts mehr darf uns trennen! Ich habe dir ein Zimmer im Hotel Klomser bestellt, dort ist es still und ruhig, niemand wird dich belästigen und erkennen. Wir fahren jetzt dorthin und besprechen alles!«

Im Hotelzimmer saßen sie dicht aneinandergeschmiegt, und Regina erzählte. Von den inneren Wandlungen, die sie durchgemacht hatte, sprach sie nur mit wenigen Worten.

»Wir waren beide auf falschen Wegen, Egon! Glaubten beide, daß wir uns über alles das hinwegsetzen können, was jahrtausendealte Überlieferung zum Gesetz erhoben hat. Und sind beide auf recht brutale Weise zur Besinnung gebracht worden. Aber laß uns nie mehr von der Vergangenheit reden! Sie soll hinter uns liegen wie eine häßliche tödliche Krankheit, an die man nicht erinnert werden will. Und nie dürfen wir uns gegenseitig Vorwürfe machen. Daß ich nicht mehr rein und unberührt war, als ich mich dir am Semmering gab, wiegt schließlich genauso schwer wie das, was dich belastet.«

Stirner preßte das junge Weib leidenschaftlich an sich, um es plötzlich freizugeben und mit gepreßter Stimme zu sagen:

»Was aber nun, Regina? Ich bin ein existenzloser, gestrandeter Mensch, der sich mühsam durchs Leben schlagen wird müssen. Und du, du bist nicht das Mädchen, das Not und Entbehrungen wird ertragen können.«

Regina lachte wieder ihr helles überlegenes Lachen.

»Nein, mein Lieber, das Leben kann ja, wie man sieht, reichlich abenteuerlich sein, aber ein Familienblattroman ist es doch nicht. Ich habe alles geordnet. Mein armer Papa, der mich so gerne mit einem Prinzen vermählt hätte, tat mir wirklich leid, aber ich konnte ihm nicht helfen. Es blieb ihm nach recht bewegten Szenen, bei denen sich die gute liebe Mama tapfer auf meine Seite gestellt hat, nichts übrig, als nachzugeben. Bevor vier Wochen um sind, wird dein Name geändert sein, dann heiraten wir und fahren nach Buenos Aires. Papa hat die Majorität der Argentinischen Bodenbank erworben, und du übernimmst eine leitende Stellung. Unromantisch, aber praktisch! Und mir ist gar nicht bange vor dir, obwohl du ein rechter Lump bist! Was geht es mich an! Ich weiß ja doch, daß du mich lieb hast!«

Das war wieder die alte frivole Regina, aber ihr Herz schlug warm und ehrlich dem Manne entgegen, der sie jetzt an sich riß und mit seinen Küssen bedeckte.

Flucht aus der freudlosen Gasse

Otto Demel befand sich in London, als ihm eine Vorladung in der Strafsache gegen Frau Greifer und Genossen nachgeschickt wurde. Seine journalistische Aufgabe war beendet, er wollte ohnedies zurückkehren, und so konnte er es denn einrichten, daß er am Tage der Verhandlung in Wien ankam. Der Zug hatte aber erheblich Verspätung, so daß er nicht mehr Zeit fand, vom Westbahnhof nach Hause zu fahren, sondern sein Gepäck nach der Melchiorgasse schickte und sich direkt in das Landesgericht begab.

Wirklich war es seinem Einfluß gelungen, Grete von der ganzen schmutzigen Affäre fernzuhalten. Mehr als das, nach einer langen Unterredung mit dem Polizeipräsidenten hatte dieser alle bei der Razzia verhafteten Mädchen entlassen, und Anklage war nur gegen Frau Greifer und Fräulein Henriette und das Hausmeisterehepaar erhoben worden. Jetzt, zum Prozeß, waren alle Mädchen, mit Ausnahme Gretes, als Zeuginnen vorgeladen worden.

Die Verhandlung, die geheim geführt wurde, gewährte einen traurigen Blick hinter die Kulissen des Großstadtlebens. Da Demel als einer der ersten Zeugen über seine Beobachtungen vernommen wurde, konnte er der weiteren Verhandlung beiwohnen, und schmerzlich kam es ihm zum Bewußtsein, welches Verbrechen täglich an den Opfern einer unzulänglichen Gesellschaftsordnung begangen wird.

Alle als Zeuginnen vernommenen Mädchen erzählten von Ausbeutungen durch Männer und die Kupplerin, schilderten, wie sie Schritt für Schritt in den Sumpf geraten waren, der die Verirrten nicht mehr locker läßt.

Kriminalkommissär Dr. Kellner gab eine plastische Darstellung der Vorgänge, die er mit angesehen hatte, und erzählte, daß er in dem Augenblick, da ein Mädchen gewaltsam entkleidet und auf das

Podium geschleppt werden sollte, das vereinbarte Zeichen zum Eindringen der Polizisten gegeben hatte.

Der Vorsitzende fragte, ob sich das Mädchen unter den anwesenden Zeuginnen befinde, was Kellner ein wenig verlegen verneinte. Er tauschte einen Blick mit Demel und erklärte, daß dieses Mädchen im allgemeinen Trubel verschwunden sei.

Ein junges Ding mit kurzgeschnittenen schwarzen Haaren meldete sich zum Wort.

»Bitt schön, Herr Präsident, ich kenn sie, sie wohnt in der Nachbarschaft von der Frau Greifer. Mit dem Vornamen heißt sie Grete. Sie ist nie aufs Podium gegangen und auch nie mit einem Herrn aufs Zimmer.«

Der Präsident winkte ab, die Sache interessierte ihn weiter nicht, aber Demel schoß das Blut in den Kopf. Was war das? Sollte Grete inmitten dieses Morastes rein geblieben sein? Er biß sich auf die Lippen. Schmerzhaft kam es ihm in Erinnerung, daß er Grete damals, als sie zu ihm hatte sprechen wollen, nicht zu Wort hatte kommen lassen.

Demel schloß die Augen, sah das liebe feine Gesicht des Mädchens vor sich und die verwirrten, traurigen Augen, mit denen sie ihn in der Nacht, als er ihr statt guter tröstender Worte Geld gegeben, angesehen hatte.

Die Verhandlung endete abends mit der Verurteilung der Angeklagten zu mehrmonatigen Gefängnisstrafen. Fiebernd vor Ungeduld warf sich Otto Demel in ein Autotaxi. Rasch, nur rasch vor Grete hintreten, Erklärung fordern, gutmachen, was noch gutzumachen wäre!

Grete hatte, nachdem Demel fortgefahren war, die Stellung in dem Speditionsbüro angetreten. Sie war besser bezahlt als bei Herrn Wöß, und das Mädchen brachte das Kunststück fertig, mit dem Gehalt sich und die Ihren zu ernähren, ohne das Geld Demels anzurühren. Die Hausgehilfin war unmittelbar nach der Razzia bei Frau Greifer entlassen worden, die fünf Menschen lebten wieder von Kraut und Kartoffeln, Grete verkaufte nach und nach die feinen Kleider, die sie bekommen hatte, grau, düster, freudlos verliefen ihre jungen Tage.

An Otto Demel dachte sie mit einem Gemisch von Schmerz und Erbitterung. Sicher, er hatte sie aus dem Unrat, in dem sie sonst erstickt wäre, gerissen, aber er war ungerecht und hart gegen sie gewesen, hatte sie mehr verletzt, als es die gemeinen, brutalen Besucher der Frau Greifer hatten tun können.

Die Erlebnisse der letzten Zeit hatten Grete den Rest von Illusion und Naivität geraubt. Sie sah jetzt, wenn sie, von Kopfschmerzen geplagt, in der Nacht schlaflos dalag, ihren weiteren Weg klar und deutlich vor sich: Sie würde weiter hungern, frühzeitig welken und alt werden, mit ansehen, wie ihre kleine Schwester in der freudlosen Gasse verkam, Erich, dieser brave, talentierte Junge, statt zu studieren mit vierzehn Jahren aus dem Gymnasium austreten mußte, um Geld zu verdienen, bis sie eines Tages, des Hungers und Elends überdrüssig, doch dem Erstbesten ihren Leib verkaufen würde, wenn es dann nicht zu spät war, ihr magerer Körper, ihr verfallenes Gesicht den Männern noch gefallen sollten.

Müde und abgespannt kam Grete abends an dem Tag, an dem die Verhandlung gegen Frau Greifer stattgefunden hatte, nach Hause. Sie hatte diesen Tag voll Angst erwartet, immer gefürchtet, doch noch in die Sache hineingezerrt zu werden, und aufgeatmet, als sie aus den Spätabendblättern ersah, daß ihr Name nicht genannt worden war. Die kurzen Prozeßberichte enthielten nicht, daß Otto Demel als Zeuge erschienen war.

Erich sprang ihr im Vorzimmer entgegen und rief freudig:

»Gretl, der Herr Demel ist wieder da!«

Jäh schoß ihr das Blut in die Wangen, so daß ihr Else schnippisch riet, sich zu beherrschen, weil Herr Demel ohnedies schon einigemal nach ihr gefragt habe. Und schon erklang die Glocke aus seinem Zimmer, Erich lief hinein und überbrachte Grete die Bitte, auf einen Augenblick zu Demel zu kommen.

Frau Rumfort, die in letzter Zeit noch magerer und kränklicher geworden war, sagte weinerlich, daß er sicher kündigen werde, der alte Herr aber gab polternd seiner Empörung darüber Ausdruck, daß die Enkeltochter eines Generals einen »hergelaufenen« Journalisten, den er noch dazu im Verdacht sozialistischer Gesinnung hatte, in seinem Zimmer aufsuchen müsse.

Grete blieb an der Türschwelle stehen und tat, als würde sie die Hände, die ihr Otto entgegenstreckte, nicht sehen.

Ganz leise sagte sie:

»Es freut mich, daß Sie wieder hier sind, Herr Demel. Womit kann ich Ihnen dienen?«

Demel starrte das Mädchen fassungslos an. Wie hatte sie sich in wenigen Wochen verändert, wie sehr drückte sich das Leid, das ihr widerfahren war, in ihrem Gesicht aus! Wohl war sie noch immer lieblich und schön, aber Bleichsucht und Unterernährung drückten den eingefallenen Wangen und tiefliegenden Augen ihre Insignien auf, ihre ganze Haltung sprach von hoffnungsloser Müdigkeit.

Demel atmete tief auf.

»Fräulein Grete, ich war damals, in jener schrecklichen Nacht, sehr hart und vielleicht ungerecht gegen Sie. Sie wollten mir etwas sagen, und ich weigerte mich, Sie anzuhören. Die ganzen Wochen hat mich die Erinnerung an meine Ungüte gequält, und ich habe eine Aussprache herbeigesehnt.«

Um Gretes Mund zuckte es.

»Es hat keinen Zweck mehr, Herr Demel! Sie hatten ja ganz recht, wenn Sie mich verachteten, konnten gar nicht anders. Nun, das ist ja vorbei, ich bin wieder ein armes, ehrlich arbeitendes Mädel, und es ist am besten, wenn wir von diesen abscheulichen Dingen nicht mehr sprechen. Ich möchte Sie nur bitten, das Geld, das Sie mir vor Ihrer Abreise zurückließen, wieder zu nehmen. Ich weiß jetzt, daß ein armes Mädel sich sehr viel vergibt, wenn es von fremden Männern Geld nimmt.«

Demel hatte das Gefühl, daß ihn ein Peitschenhieb traf. Er trat dicht an Grete heran und sagte mit warmer bewegter Stimme:

»Grete, so darf es nicht zwischen uns bleiben! Ich war damals abscheulich, ich weiß es! Aber Sie ahnen ja nicht, was in mir vorgegangen ist, als ich Sie dort sah. Sie können es nicht ahnen, weil Sie nicht wissen, wie teuer und lieb Sie mir geworden waren. Ich selbst wußte es, als mich der Schmerz und die Wut über das, was ich glauben mußte, jäh aus einem schönen Traum weckten.«

»Was Sie glauben mußten? Glauben Sie es denn jetzt nicht mehr?«

»Nein, Grete, ich glaube es nicht mehr! Nicht nur deshalb, weil in der Verhandlung heute aufklärende Worte über die Rolle, die Sie gespielt haben, laut wurden, sondern ich glaube es auch darum nicht, weil ich es im Tiefinnersten, im Unterbewußtsein immer für unmöglich gehalten habe, daß Sie schlecht geworden sind.«

Grete richtete sich hoch auf.

»Schlecht? Das Wort klingt seltsam aus dem Munde eines Mannes, der sich einbildet, die Welt zu kennen und über den Dingen zu stehen! Wäre ich schlechter, als ich es heute bin, wenn ich, in Not und Elend verstrickt, um meine Geschwister zu schützen, um meine arme Mutter und den alten Großvater nicht hungern zu lassen, meinen Körper verkauft hätte? Vielleicht, daß die Männer, die für schmutziges elendes Geld Seelen kaufen, schlecht sind, die armen, dummen, törichten Mädeln, die sich kaufen lassen, sind es sicher nicht. Nach und nach erst werden sie schlecht durch die Schlechtigkeit der anderen Menschen.

Nun aber, da es jetzt doch zu der Aussprache gekommen ist: Ich habe mehr Willenskraft bewiesen, als ich mir selbst zugetraut hätte. Ich bin rein geblieben, wenn man es mir auch nicht leicht gemacht hat. Jawohl, ich habe Geld genommen, aber nichts dafür gegeben, nicht einmal einen Kuß! Ich habe die Begierde dieser abscheulichen Männer benützt, habe sie zum Narren gehalten, sie hoffen lassen, ohne jemals mich zu verlieren. Das ist sicher auch nicht schön, ist gemein und erbärmlich, aber einem, der um sein Leben kämpft, ist wohl manches erlaubt. Auch den Szenen, die sich im Salon abspielten, habe ich nie beigewohnt, bin immer im Nebenzimmer gesessen, habe mir die Ohren zugehalten, um nicht einmal etwas hören zu müssen.

So, Herr Demel, nun haben wir uns ja ausgesprochen, und ich bitte Sie, sich um mich und mein armseliges Schicksal nicht mehr zu kümmern. Ich weiß, Sie waren immer gut und lieb zu mir, ich verdanke es Ihnen allein, wenn ich heute nicht vor der ganzen Welt gebrandmarkt dastehe, aber den Schmerz, den Sie mir damals zugefügt haben, kann ich nicht verwinden.«

Mit der mühsamen Beherrschung war es vorbei. Grete lehnte sich an die Wand, schlug die Hände vor das Gesicht und weinte leise. So sehr war sie in ihrem Schmerz versunken, daß sie es kaum fühlte, wie Demel sie sanft an sich zog und seinen Arm um sie schlang.

»Grete, das alles ist ja Unsinn! Ich war grausam gegen dich, weil ich dich so sehr liebte, und du zürnst mir nur darum so, weil du mich liebst! Und jetzt ist alles klar zwischen uns, und du bist mein und bleibst mein!«

Und schon waren der Zorn und die Erbitterung des Mädchens wie weggeweht, und schon lachte sie unter Tränen und schmiegte ihren Kopf an seine breiten Schultern und hatte alles vergessen, was hinter ihr lag.

Otto zog das Mädchen auf seine Knie.

»Bevor wir zu deiner Mutter gehen, wollen wir unser künftiges Leben in großen Strichen skizzieren: Ich bin kein Milliardär, aber ich verdiene mehr, als ich brauche, bin vermögend genug, um dir und den Deinen ein sorgloses Leben zu bereiten. Ein alter Onkel von mir hat in Hietzing ein kleines Häuschen mit einem großen Garten. Er will ohnedies nach seiner Heimat in Tirol übersiedeln, und ich werde ihm das Haus abkaufen. Und dann fort von hier mit dir und euch allen aus dieser abscheulichen freudlosen Gasse! So rasch als möglich fort, denn hier in dieser Gasse würde sich immer ein dunkler Schatten auf unser Glück senken. Wenn alles gutgeht, können wir in drei, vier Wochen heiraten und übersiedeln. Und werden diese Gasse nie wieder betreten.«

Grete lehnte ihre heiße Wange an sein Gesicht und sah gedankenvoll vor sich hin:

»Und doch, ich werde die häßliche, freudlose Melchiorgasse nie vergessen! Not, Elend, Gemeinheit, Mord und düstere Verbrechen birgt sie in sich, und doch auch Menschlichkeit und Liebe! Sie ist mir zum Symbol geworden für eine ganze Stadt, die ganze Welt und das ganze Leben!«

Nachwort

»Der Roman ist voller Überraschungen: Egon Stirner ist *nicht* der Mörder, er hat bloß den Schmuck genommen.« Die Verfasserin dieser scheinbar belanglosen brieflichen Mitteilung aus der zweiten Dezemberhälfte 1923 ist die Frau von Robert Musil, Martha, die ihrer Tochter in Berlin über den Verlauf eines Fortsetzungsromans berichtet, der vom 18. Oktober bis 16. Dezember in der liberalen Wiener Zeitung ›Der Tag‹ erschienen ist. Der bewunderte Autor ist ein Redaktionskollege ihres Mannes Robert: Hugo Bettauer.

Der Roman heißt ›Die freudlose Gasse‹ und, als Buch 1924 erschienen, trägt er den Untertitel »Ein Wiener Roman aus unseren Tagen«. Steckbrief des Autors – um eines der zahlreichen selbstgefälligen literarischen Selbstporträts, diesmal aus dem Roman ›Das entfesselte Wien‹ (1924), heranzuziehen: »Fritz Landau (alias Hugo Bettauer) war heute der gehaßteste, beliebteste, gefürchtetste und verehrteste Feuilletonist Wiens. Sein Gebiet war Sozialpolitik und Erotik, er verband beides zu einer sozial-erotischen Weltanschauung, verteidigte das Recht der Frau, wurde von allen impotenten, innerlich irgendwie verdreckten Männern, denen er die Frauen aufhetzte, gehaßt, von den Frauen dafür geliebt und von den Jungen verehrt. Seine Publikumserfolge, die Riesenauflagen, die seine Wiener Romane erzielten, brachten es mit sich, daß die meisten seiner Kollegen ihn am liebsten vergiftet hätten und nur auf den Augenblick warteten, da sie ihm würden ein Bein stellen können.« Ein Jahr später gab es kein Gift, sondern nur Kugeln. Es ist kein Zufall, daß Hugo Bettauers »Romanhelden« allesamt unverkennbare Ähnlichkeiten mit ihrem Schöpfer aufweisen und untereinander praktisch austauschbar sind.

Maximilian Hugo Bettauer wurde am 18. August 1872 in der Kurstadt Baden südlich von Wien geboren, wo sein ostjüdischer, aus Lemberg stammender Vater, Arnold, neben Wien seinen zweiten Wohnsitz hatte. Der wohlhabende Börsenarrangeur starb im Alter von 34 Jahren und hinterließ eine Frau, zwei kleine Töchter und den kaum ein Jahr alten Hugo. Details aus der Jugendzeit Bettauers sind eher sparsam bekannt: Er drückte ein paar Jahre die Schulbank neben Karl Kraus am Franz-Joseph-Gymnasium in der Wiener Stubenbastei. Mit achtzehn Jahren verließ er die Kultusgemeinde in Wien, um zum Protestantismus zu konvertieren, und ging dann als Einjährig-Freiwilliger zu den Kaiserjägern nach Tirol. Bereits nach fünf Monaten soll er wegen der harten Disziplin desertiert sein. Seine Mutter nahm ihn nach Zürich mit, wo er seine erste Bekanntschaft mit dem Journalismus machte, nach eigener Angabe ein Semester Philosophie studierte und seine Wiener Geliebte heiratete. Nach dem Tod der Mutter wanderte Bettauer nach Amerika aus, wo er innerhalb kurzer Zeit sein gesamtes väterliches Erbe durch eine Fehlinvestition verloren haben soll. Seine kurze, stürmische Ehe, der 1899 ein Sohn, Heinrich Gustav Hellmuth, entsprang, ging bald in die Brüche. Wegen Arbeitslosigkeit verließ Bettauer 1899 die USA, um sich als amerikanischer Staatsbürger in Berlin niederzulassen. Nun galt sein Interesse dem Journalismus. In Berlin übernahm er die Redaktion des Lokalteils der neugegründeten ›Berliner Morgenpost‹, wurde aber aufgrund seiner kritischen Berichterstattung, vor allem über die Polizei, gekündigt. Nach seiner Ausweisung aus Preußen machte er kurze Station in München und Hamburg, wo er Leiter eines gastronomischen Fachblatts ›Küche und Keller‹ wurde. Er verliebte sich in die sechzehnjährige Helene Müller und brannte mit ihr per Schiff nach Amerika durch. In New York gelang ihm der journalistische Durchbruch: Wie am Fließband produzierte er einen Fortsetzungsroman nach dem anderen, im Milieu der deutschen und österreichischen Auswanderer in Amerika spielend und mit spannender Handlung. Für den Zeitungsherausgeber war Bettauer ein Garant für steigende Auflagenzahlen. Nach zwölfjähriger Verbannung kehrte er wieder nach Österreich zurück, wo er für die Tageszeitung ›Die Zeit‹ und später die ›Neue Freie Presse‹ arbeitete. 1920 erschienen Bettauers erste Buchveröffentlichungen, die Romane ›Faustrecht‹ und ›Hemmungslos‹, beide im Wiener Nachkriegsmilieu angesiedelt und eine Mischung aus Kriminal- und Sozialroman.

1921 begann Bettauer »als einer der geistvollsten Causeure der Wiener Journalistik« (Selbsteinschätzung) für das Wochenblatt ›Der Morgen‹ sozial-erotische Feuilletons zu schreiben. Im nächsten Jahr wurde er Redakteur des ›Tag‹ und schrieb nicht weniger als fünf neue Romane, allen voran ›Die Stadt ohne Juden. Ein Roman von übermorgen‹. Bettauer griff ein »Thema des Tages« auf, wie ihm Kritiker bescheinigten: den Antisemitismus. Das eher leichtfertig hingeworfene Buch, das aus tagespolitischen Rücksichten in etwas verfremdeter Form gar verfilmt wurde, wurde sein meistgekauftes und meistgelesenes Werk.

Ausgangspunkt des von gefährlichen Klischees gespickten Romans ist die triste Wirtschaftslage in Österreich, an der die Juden schuld sein sollen. »Hinaus mit den Juden« wird zur Losung des Tages und Grundthema der durch die »grenzenlose Wut und Verzweiflung der Bevölkerung« veranlaßten Neuwahlen im fiktiven Österreich. Die Wahlen bringen einen Sieg für den Führer der Christlichsozialen, Dr.

Karl Schwertfeger, aber einen völligen Zusammenbruch für die Sozialdemokraten, Kommunisten und Liberalen. Das Parlament beschließt ein Gesetz zur »Entjudung« Österreichs, um die bedrohliche Überfremdung, die Knechtung des Landes abzuwenden. Angesichts der blutigen Wirklichkeit Jahre später, hebt sich die Romanhandlung geradezu human ab. Im Zuge der fiktiven »Endlösung« wird »gemäß den Forderungen der Menschlichkeit (!) und den Bedingungen des Völkerbundes« vorgegangen. Die neue Verfassungsbestimmung macht Österreich (obwohl Bettauer hier nur Wien mit einbezieht) zu einer Gemeinschaft von »echten Österreichern«. Aber nach anfänglichem Freudentaumel tritt Nüchternheit ein. Wien verdorft kulturell, die »christliche« Finanzwelt versagt, selbst die Mode wird provinziell, und Kritik an der Ausweisung der Juden, die irgendwohin ausgewandert sind, folgt auf dem Fuß. Eine Organisation, die sich ›Bund der wahrhaften Christen‹ nennt, fordert auf Plakaten Neuwahlen, das Antijudengesetz fällt, und Österreichs Juden, die beruflich auch gestaffelt ihr Land verlassen mußten, dürfen heimkehren. Wien ist wieder Wien. Der Jubel der Bevölkerung übertrifft beinahe jenen anläßlich der Ausweisung.

Die »kleine Zukunftsvision« erntete nicht überall Beifall. Das Buch wurde als »seichte Satire« und freche Verhöhnung des »arischen« Wien, als »Schandwerk« und »bewußt jüdische Rassenpropaganda« kritisiert. Da Bettauer aus demselben Klischeereservoir schöpfte wie die Antisemiten, hat er auch der jüdischen Bevölkerung einen Bärendienst erwiesen.

Im selben Jahr kamen der »Rassenroman« ›Das blaue Mal‹, der Kriminalroman ›Der Frauenmörder‹, der Trivialroman ›Die drei Ehestunden der Elisabeth Lehndorff‹ auf den Markt. Größere Aufmerksamkeit verdiente ein weiterer Roman, ›Der Kampf um Wien. Ein Roman vom Tage‹, der 1922/23 in Fortsetzungen im ›Tag‹ erschien und wie immer bei Bettauer Züge dieser Erscheinungsweise in sich trägt. Das bedeutet nicht nur Inkonsequenzen im Handlungsverlauf über drei Monate, sondern schließt mit ein, daß die Tagesnachrichten von gestern zur Romanfiktion von heute gemacht werden. Im ›Kampf um Wien‹ kommt ein junger amerikanischer Krösus nach Wien, der Geburtsstadt seiner Mutter, um die Stadt zu sanieren. Er stößt dabei jedoch überall auf Egoismus, mangelnden Patriotismus und Intrigen der Politiker, Bankiers und Industriellen. Notgedrungen muß er sein Vorhaben aufgeben und unverrichteter Dinge mit seiner neuerworbenen Braut nach Amerika zurückkehren. Bettauer setzt auf Aktualität, auf Chronik, und nicht auf eine im vorhinein geplante

Handlung. Er greift alle möglichen aktuellen Themen auf, wie z. B. Alkoholismus, Arbeitslosigkeit, Wirtschaftssanierung, Börsenspekulation, Volksbildung, Wohnungsnot, Armut, Kokainseuche, Antisemitismus und Kriminalität. Auch die Wiener Literatenszene kommt nicht zu kurz, denn Bettauer macht Autoren in seinem Bekanntenkreis (Egon Friedell, Anton Kuh) zu handelnden Figuren, wie er überhaupt gern Schlüsselromane schrieb.

Der Fortsetzungsroman ›Die freudlose Gasse‹, eben durch die Verfilmung von G. W. Pabst und den ersten Filmauftritt von Greta Garbo heute noch weiteren Kreisen bekannt, dürfte ebenfalls ein Schlüsselroman sein. Von der Typologie her setzte Bettauer die Tradition des Gasse- und Hausromans, des Großstadtromans bzw. »Wiener Romans« fort.

Schauplatz ist die Melchiorgasse im 7. Wiener Gemeindebezirk. Sie ist ein Mikrokosmos des Makrokosmos, der »ganzen Stadt Wien«. Der Schauplatz kann die Protagonisten allerdings nicht mehr loslassen. Für die reingebliebene Heldin Grete (von) Rumfort ist die Melchiorgasse rückblickend »zum Symbol geworden für eine ganze Stadt, die ganze Welt und das ganze Leben«. Diese Gasse gewährt den »Blick hinter die Kulissen des Großstadtlebens« und offenbart die »unzulängliche Gesellschaftsordnung«, an der die vielen von Bettauer Bemitleideten meist scheitern müssen. Diese Gasse als Symbol verbindet auch die zwei Handlungsstränge und bringt sie zusammen: Kriminalroman (der Mörder kommt eben aus dieser Gasse) und Sozialroman (mit Hilfe eines »deus ex machina« kann die Heldin Grete dem dortigen »Morast« im Happy-End entfliehen). Und so baut Bettauer eine gewisse Spannung auf, während er verschiedenste Typen der Wiener Gesellschaft aus allen Schichten vor einer aus den Fugen geratenen Zeit vorführt und »Sumpf und Morast« der Großstadt Wien ausbreitet. Wie das Beispiel der Mörderin und Morphinistin Marie Lechner zeigt, sind die Figuren vielfach milieugeschädigt. So die Überzeugung des Autors.

Der »Zeiten- und Sittenschilderer« Otto Demel alias Hugo Bettauer ist immer edel, hilfreich und gut; er lebt die Wunschvorstellungen des Autors vor; er kennt das Wiener Leben in- und auswendig, hat »Verbindungen«, unterhält eine kumpelhafte Beziehung zur Polizei und hat seine Zeitung, für die er gar im Ausland politische und soziale Studien betreibt. Da er »seit jeher die Gabe hatte, das unbedingte Vertrauen der Frauen zu erregen«, muß die Liebe zu seinem »deutschen Gretchen«, dem »bildschönen Mädchen«, dem »schönen, liebreizenden Ding«, mit den »großen schönen Augen« erst ein paar Hindernisse bewältigen. Grete bleibt trotz aller Widrigkeiten, die auch der Marianne in Ödön von Horváths ›Geschichten aus dem Wienerwald‹ oder der gleichnamigen (!) Protagonistin in Felix Dörmanns Konjunkturroman ›Jazz‹ (1925) willfahren, rein. Die »freudlose Gasse« mündet in ein dreifaches Happy-End.

Während sein letztes veröffentlichtes Werk, der Schlüsselroman ›Das entfesselte Wien. Ein Roman von heute‹ in Fortsetzungen erschien, war Bettauer in seinem »Wahlfach« überaus aktiv. Um sich der Aufklärung der Bevölkerung, ja eigentlich der Popularisierung verschiedener Sexual- und Gesellschaftsthemen besser widmen zu können, gründete er im Februar 1924 zusammen mit Rudolf Olden eine eigene Zeitschrift. Sie nannte sich ›Er und Sie. Wochenschrift für Lebenskultur und Erotik‹ und löste einen Skandal aus, der zu einer Pogromstimmung führte. Diese Zeitschrift zusammen mit seinem Romanwerk und seinen Zeitungsfeuilletons trugen ihm viele wenig schmeichelhafte Beschimpfungen ein: »gewerbsmäßiger Pornograph«, »Kloakendichter«, »Schmierfink«, »Schandliterat«, »gewerblicher Ausbeuter der literarischen Kloaken«, »perverses Kloakentier« usw. usw. So haarscharf zwischen offenem Antisemitismus und Sorge um das vermeintlich angegriffene sittliche Wohl der Jugend ist hier nicht mehr zu trennen. Im Wiener Gemeinderat kam es wegen Bettauer zu wüsten Schlägereien. Mit Nummer 5 und nach einer Ankündigung der »erotischen Revolution« stellte ›Er und Sie‹ nach mehreren Beschlagnahmungen ihr Erscheinen ein. Bettauer wurde wegen Pornographie und aufgrund einiger harmloser Kontaktanzeigen wegen Kuppelei angeklagt und im sogenannten Pornographieprozeß im September 1924 – für Gegner überraschend – freigesprochen. ›Er und Sie‹, so kontrovers die Zeitschrift auch war, leitete eine neue Ära in der Wiener Publizistik ein und füllte zugleich eine offensichtliche Marktlücke. Mit der Behandlung von Themen wie Abtreibung und Reform des § 144 (in Deutschland § 218), Homosexualität, Prostitution, rechtliche Stellung von unehelichen Kindern, Gleichberechtigung der Frau sowie Alkoholismus war Bettauer gewiß nicht seiner Zeit voraus, nur gelang es ihm, solch allgemein tabuisierte Themen zu popularisieren wie keiner zuvor. Auf ›Er und Sie‹ folgte ›Bettauers Wochenschrift. Probleme des Lebens.‹ Hier wurden weiterhin sexuelle Themen behandelt. Es gab einen Fortsetzungsroman (von Bettauer), eine Novelle der Woche, eine Ratgeberrubrik sowie eine Rubrik für Kontaktannoncen. Der »Seelenarzt« Bettauer »ordinierte« ein paarmal in der Woche für Ratsuchende, Bettauer-Clubs wurden gegründet. Der Erfolg von ›Er und Sie‹ rief Nachahmer auf den Plan.

So erschienen, wenn auch nur kurze Zeit, Periodika wie ›Ich und Du‹, ›Wir Beide‹, ›Wir Zwei‹, ›Das Rendezvous‹, ›Adam und Eva‹. Keine war so langlebig wie das Original (das bis Ende August 1927 erschien).

Der Freispruch im September 1924 sollte auch Bettauers Todesurteil sein. Eine Medienhetze, die Bettauer zum jugendverderbenden Dämon hochstilisierte und Selbsthilfe predigte, setzte ein, wobei Bettauers Judentum ihm zum Verhängnis wurde. Denn die lautstarken Gegner aus nationalsozialistischem und christlichsozialem Lager waren weniger von ehrlicher Sorge um die Sittlichkeit der Jugend motiviert: die Sexualneurosen trieben seltsame Blüten. Sie nahmen den »Juden« Bettauer ins Visier, hatten einen Gutteil der Wiener Presse hinter sich, forderten seine Lynchung, steigerten sich in den Judenhaß hinein. So ist es verständlich, daß Bettauers zionistische Gegner nun fürchteten, diese Hetze auf Bettauer könnte auf das gesamte Judentum in Österreich überschlagen. Angefeuert wurde die Hetzkampagne auch von führenden christlichsozialen Politikern wie dem Bundeskanzler und Prälat Ignaz Seipel, der den »Fall Bettauer« zum Anlaß nahm, eine Kampagne zur »Sanierung der Seelen« zu starten. Bettauer geriet zwangsläufig zum parteipolitischen Zankapfel: es hagelte Vorwürfe und Gegenvorwürfe.

Den Ruf, Bettauer »auszurotten«, hörte ein noch nicht 21 Jahre alter arbeitsloser Zahntechniker namens Otto Rothstock. Am 10. März 1925 erschien der junge Nazi Rothstock in der Redaktion von Bettauers Wochenschrift in der Lange Gasse im 8. Bezirk, kam in Bettauers Büro und streckte den Journalisten mit fünf Schüssen nieder. Seelenruhig wartete er dann auf das Eintreffen der Polizei, während der schwerverletzte Bettauer mit der Rettung ins Allgemeine Krankenhaus gebracht wurde.

Obwohl es schien, daß Bettauer genesen würde, starb er am 26. März. Die Anklage gegen Rothstock wurde nun auf Mord umgeändert. Unmittelbar nach der Verhaftung Rothstocks bot der NS-Rechtsanwalt Dr. Walter Riehl unentgeltlich seine Dienste an. Nach mehreren widersprüchlichen Gutachten über den Geisteszustand des jungen Rothstock kam es im Oktober zum Mordprozeß, der durch das beachtenswerte schauspielerische Können Rothstocks, durch das Umfunktionieren des Prozesses durch Riehl in ein Verfahren gegen den toten Bettauer und schließlich durch eine unentschlossene Jury in einem Freispruch für den Mörder endete. Rothstocks Verantwortung war ein Meisterstück der Verwirrung. Er wollte, nach eigener Angabe, seine Volksgenossen und Altersgenossen vor dem schädlichen Einfluß der

Bettauerschen Schriften (die er gar nicht gelesen hatte) schützen und einen »Alarmschuß« auslösen. Er vermochte Erhebungsbeamte, Richter und Psychiater an der Nase herumzuführen, wobei dem die Anklage vertretenden Staatsanwalt kein besonderes Interesse an einer Aufklärung bescheinigt werden kann. Nach dem Freispruch kam Rothstock nach »Steinhof« und verbrachte hier zwanzig Monate, die letzten fünf davon auf der Psychiatrischen Klinik von Wagner-Jauregg. Ende Mai 1927 wurde er als freier Mann entlassen. Hier mag dem objektiven Recht Genüge getan worden sein, nicht aber dem subjektiven Rechtsempfinden.

Wie erwähnt, erschien ›Bettauers Wochenschrift‹ noch bis Ende August 1927, aber das Interesse des Publikums hatte schon spätestens 1926 spürbar nachzulassen begonnen, vor allem deshalb, weil Zeitschrift und Romane so sehr mit dem Charisma Bettauers verbunden waren. Er wurde allgemein, nur nicht von den Nationalsozialisten, völlig vergessen. Nach dem »Anschluß« Österreichs wurde er für Propagandazwecke regelrecht exhumiert. An Bettauer erinnerte man sich nun, als man glaubte, der Verwirklichung des »Traums« eines »Österreich ohne Juden« ein Stück näher gekommen zu sein. So nahm Bettauer als »Vater der erotischen Revolution« in der österreichischen Version der Ausstellung ›Der ewige Jude‹ einen prominenten Platz ein. Noch zweimal im Jahre 1938 kam er offenkundig aus Anlaß des »Novemberpogroms« bzw. der »Reichskristallnacht« publizistisch zu Ehren: So begann die Wiener Nazi-Wochenschrift ›Rundpost‹ im November 1938 mit dem vollständigen Nachdruck der ›Stadt ohne Juden‹! Nur: zum Originaltext kam ein hämischer begleitender Kommentar hinzu. Am 30. November berichtete die Wiener Ausgabe des ›Völkischen Beobachters‹ über den »Tag der nationalen Solidarität«: »Hausarrest für Juden. Einen Tag im Jahr sind wir endlich ganz unter uns«, lautete die Überschrift. »Leider«, wird da aufrichtig bedauert, »wir sind noch nicht soweit, daß wir Wien schon jetzt als Stadt ohne Juden bezeichnen könnten.« Aber die Prophezeiungen des »ahnungslosen Engels Bettauer« werden in Erfüllung gehen . . .

Der Fall Bettauer ist ein Lehrbeispiel dafür, wie eng die Verquickung zwischen Literatur, Tagespolitik und politischer Gewalt in der jungen Republik sein konnte. Sein literarisches Werk wird wohl niemand für genial halten. Daß Hugo Bettauer aber ein guter Journalist war, der für die Nachwelt die Atmosphäre im Wien der zwanziger Jahre erfaßt hat, wird man ihm nicht absprechen können.

Murray G. Hall